복지 국가

Vita 개념사 22
Activa

복지 국가

정원오 지음

책세상

차례

1장 | 복지 국가란 무엇인가

2장 | 복지 국가의 기원

5장 | 현재적 의미와 전망

1장

복지 국가란 무엇인가

국민 생활에 간섭하는 국가,
삶의 질에 영향을 미치는 국가

사회 과학 용어가 대부분 그러하듯 '복지 국가'라는 용어 또한 오늘날 많은 사람들이 사용하되 매우 다양한 의미로, 심지어 서로 다른 의미로 사용하는, 개념 이해에 혼란이 있는 용어이다. 관련 제도가 등장한 지가 100여 년에 불과하고, 더 구체적으로 복지 국가라는 용어가 출현한 지도 70여 년에 불과하다는 점을 생각하면 복지 국가를 둘러싼 개념상의 혼란은 당연한 것이라고 할 수도 있다. 언어의 역사성, 즉 언어의 탄생과 성숙과 변화라는 장구한 역사성 속에서 복지 국가라는 용어의 성숙 기간은 찰나에 불과하다는 것을 고려해보아도 마찬가지다. 용어가 등장하고 개념에 대한 합의가 이루어지는 과정을 언어의 탄생 과정이라고 한다면, 복지 국가라는 언어는 아직까지 탄생 중에 있다고 할 수도 있을 것이다. 물론 이러한 언어학적 논의는 복지 국가라는 용어가 지속적으로 살아남을 때, 즉 복지 국가에 대한 사회적 합의가 지속될 수 있을 때 의미 있는 것이기도 하다.

복지 국가라는 용어를 매우 단순한 형태로 압축해 설명한다면, 국민의 복지를 보장하는 국가라고 할 수 있지만, 어떠한 상태가 국민의 복지를 보장하는 상태이며, 이를 위해 국가가 어떤 활동을 해야 하는가에 대해서는 많은 논의와 설명이 필요하다. 또한 이러한 구체적인 지점으로 들어가면 다양한 해석과 견해가 등장하며, 심지어 상충되는 주장들이 전개되기도 한다. 특정 국가가 복지 국가인지 아닌지에 대해서, 혹은 국민의 복지를 위해 더 많은 국가의 활동이 있어야 하는지 등에 대해서 다양하고 상이한 견해가 존재한다. 예컨대 '한국은 복지 국가인가'라는 질문에 대해 '그렇다'라고 대답하는 학자와 '아직까지는 아니다'라고 대답하는 학자가 존재한다. 그리고 두 상반된 견해에는 그럴듯한 이유와 근거들이 존재한다. 복지 국가이기 위해서는 국민의 생활에 어느 정도 개입해야 하는가, 국민의 최저 생활 수준을 보장하는 정도의 국가 개입이 필요한가, 적절한 생활 수준을 유지할 수 있게 하는 정도의 국가 개입이 이루어져야 하는가, 불공정한 소득 격차가 없는 평등한 생활 수준까지 국가 개입이 이루어져야 하는가 등에서도 의견이 일치하지 않기는 마찬가지다. 다만 한 가지 합의할 수 있는 것은 복지 국가가 국민의 복지를 위해 국민의 생활에 구체적으로 개입한다는 점이다.

국가의 지나친 개입을 반대하는 사람들은 그것이 국민 생활에 대한 간섭이라고 표현하고, 또 더 많은 국가 개입을 찬성하는 사

복지 국가는 모든 국민에게 평균적으로 동일한 영향을 미치는 것이 아니라, 어떤 계층에게서는 세금을 통해 자원을 갹출하고, 어떤 계층(혹은 집단)에게는 복지 제도를 통해 자원을 지원하는 매우 구체적이고 세밀한 방식으로 국민에게 개입한다.

람들은 그것이 국민의 삶의 질 향상에 기여하는 것이라고 표현한다. 사람들의 이념과 관점에 따라 복지 국가의 행위에 대한 표현이 부정적으로 혹은 긍정적으로 상반된 경향을 보이기도 하지만, 중요한 것은 복지 국가가 국민의 생활에 구체적으로 개입한다는 사실이다. 여기서 우리가 더 깊이 생각해봐야 할 것은 단지 복지 국가만 그런 것이 아니라 어떤 유형의 국가든 모두 국민의 생활에 영향을 미친다는 점이다. 그렇다면 다른 유형의 국가들과 복지 국가의 본질적인 차이점은 무엇인가? 국민 생활에 대한 일반 국가의 영향력은 개별적이 아니라 총체적이다. 일반 국가는 정복 혹은 방어 전쟁을 통해, 도로 건설과 경제 발전을 통해 국민의 생활에 영향을 미친다. 국가의 이러한 행위는 국민 전체에 영향을 준다. 어떤 국민에게는 영향을 끼치고 어떤 국민에게는 영향을 끼치지 않는 방식이 아니다. 전쟁은 총체적으로 국민 전체에 영향을 주며, 도로 건설 또한 모든 국민에게 골고루 영향을 미친다. 도로가 만들어지면 누구나 차별 없이 이용할 수 있다.

이러한 일반 국가들과 달리 복지 국가는 구체적이고 세분화된, 즉 개별화된 방식으로 국민 생활에 영향력을 행사한다는 특성이 있다. 빈곤한 집단에 대해서는 소득을 직접 지원해 일정한 생활 수준 이하로 떨어지지 않도록 구체적 영향력을 행사하기도 한다. 실업자에게 일자리를 제공하고, 치료비가 없는 계층도 질병을 치료할 수 있는 제도를 마련해 어려운 생활 상태에서 벗어 복지 국가에서는 국민의 복지 향상이 국가의 최우선 목표로 설정되며, 국가 활동의 많은 부분이 국민의 복지를 지원하는 활동으로 구성된다. 국가가 주도하는 복지 활동을 사회 보장이라고 하며, 사회 보장 제도를 통해 국민의 생활 수준을 보장하는 국가를 복지 국가라고 한다.

1935년 사회보장법 법안에 서명하는 미국의 루스벨트 대통령

나도록 영향력을 행사한다. 복지 국가는 모든 국민에게 평균적으로 동일한 영향을 미치는 것이 아니라, 어떤 계층에게서는 세금을 통해 자원을 갹출하고, 어떤 계층(혹은 집단)에게는 복지 제도를 통해 자원을 지원하는 매우 구체적이고 세밀한 방식으로 국민에게 개입한다.

어떻게 이러한 방식의 국가 개입이 가능하게 되었는가, 구체적으로는 어떤 제도들을 통해 복지 국가의 행위들이 작동하게 되는가 하는 질문에 대한 설명을 통해 우리는 복지 국가의 실체에 구체적으로 다가갈 수 있을 것이다. 그렇지만 서두르지는 말자. 본격적인 설명에 앞서 국가의 유형, 복지 국가가 탄생하는 역사적인 과정 등 알아야 할 재미있는 이야기가 많다. 다음의 이야기로 넘어가기 전에, '복지 국가'를 여는 마당인 만큼 복지 국가에 대한 간략한 정의를 내리고 지나가자. 물론 이러한 간략한 정의를 통해 복지 국가 전체를 표현할 수는 없다. 이 책이 끝날 때쯤 독자들은 복지 국가를 머릿속에 그릴 수 있을 것이다. 그 그림이 진짜 복지 국가의 형태일 것이다.

복지 국가에서는 국민의 복지 향상이 국가의 최우선 목표로 설정되며, 국가 활동의 많은 부분이 국민의 복지를 지원하는 활동으로 구성된다. 국가가 주도하는 복지 활동을 사회 보장이라고 하며, 사회 보장 제도를 통해 국민의 생활 수준을 보장하는 국가를 복지 국가라고 한다.

복지 국가
―국가의 가장 발전된 형태?

복지 국가에 대해 자세하게 살펴보기 전에, 국가에는 어떤 유형이 있고 복지 국가는 그러한 국가들과 어떻게 다른지 먼저 알아보자. 나중에 복지 국가의 출발 과정에 대해 영국과 스웨덴의 사례를 통해 더 자세히 살펴보겠지만, 국가론의 관점에서 복지 국가가 출현할 수밖에 없는 논리 등에 대해서도 개괄적으로 살펴보도록 하겠다.

인류의 오랜 역사에 수많은 국가들이 있었고, 우리가 아는 많은 역사 이야기는 국가의 탄생과 소멸에 관한 이야기들이기도 하다. 하나의 민족을 수호하는 민족 국가 이야기도 있고, 다른 민족을 정복하는 정복 국가 이야기도 있으며, 여러 국가를 아우르고 지배하는 제국에 관한 이야기도 있다. 이러한 유형의 국가 외에도 다양한 명칭이 존재하는데 민주 국가, 독재 국가, 국민 국가, 도시 국가, 연방 국가 등 여러 가지 국가 유형을 찾아볼수 있다.

국가의 특징을 묘사하기 위해 다양한 이름을 붙일 수 있으나, 복지 국가 발전 과정을 설명하기 위해서는 국가의 형성과 발전 과정을 설명한 미국의 정치사회학자 틸리Charles Tilly의 논의를 살펴보는 것이 유용하다. 그는 국가의 유형을 발전 과정에 따라 원형 국가, 발전 국가, 민주 국가, 복지 국가 네 가지로 분류해 설명한다.

원형 국가 단계

초기의 국가를 원형 국가라고 하는데, 원형 국가는 국가 형성에 필요한 최소한의 요건과 국가 행위로 구성된다. 베버Max Weber (1864~1920)는 국가를 "독점적 강압력, 통일적 권위, 그리고 제반 법률적·행정적 장치를 기초로 일정한 영토와 그 영토 내 주민을 배타적으로 지배하는 정치 조직 혹은 공동체"라고 규정한다. 원형 국가는 이러한 국가로서의 최소한의 요건을 갖춘 국가이다. 독점적 강압력을 획득하는 과정은 물리적 폭력과 전쟁 행위를 수반한다. 원형 국가는 일정한 영토 내에서 경쟁 집단을 제압하기 위해, 그리고 영토 외부에서는 힘의 균형을 과시해 외부의 간섭 없이 배타적 지배권을 확보하기 위해 끊임없는 대립과 투쟁 및 전쟁 행위를 지속하게 된다. 그리고 이러한 전쟁 수행을 위해 원형 국가는 영토 내부에서 각종 자원을 추출해야 하

베버

는데, 이를 공물 혹은 보호를 명분으로 하는 약탈로 표현하기도 한다. 이러한 특징 때문에 학자들은 원형 국가를 정복 국가 혹은 약탈 국가라고 부르기도 한다. 학자들의 분류에 의하면 원형 국가는 발전 국가가 등장하기까지 상당히 오랫동안 유지된 것으로 보이는데, 물론 초기의 물리적 폭력을 기반으로 하는 거친 지배 방식이 법과 제도를 통해 다소 세련된 방식으로 발전하긴 했지만, 보호를 명분으로 공물을 추출하고 경쟁 세력과의 물리적 대결로 국가를 유지하는 본질적인 특성이 변화하기까지는 상당한 시간이 소요된 것으로 평가된다. 이 시기에 국가 존립의 정당성은 외부의 침입으로부터 국민을 보호하고 내부의 질서 유지를 통해 사적 약탈과 폭력으로부터 국민을 보호하는 데 있었다. 근대 이전에 존재하던 많은 국가들, 예컨대 고대 국가, 봉건 국가 등이 원형 국가에 속하며 근대 초기에 등장한 국민 국가도 초기에는 원형 국가에 속하는 것으로 분류된다. 초기의 국가들은 국민에 대한 직접적 지배력을 행사하기 어려웠지만, 국가의 지배력이 점차 강화되어 국가는 영주나 귀족을 통한 간접적 지배 방식에서 영토와 주민을 직접 통제·관리하는 형태로 발달해왔고, 국민 국가에 이르러서는 정복 능력과 약탈 능력이 극대화된 것으로 평가된다.

발전 국가 단계

정복 능력과 약탈 능력이 극대화된 국민 국가들은 점차 발전 국가로 전환하게 되는데, 틸리의 설명에 의하면 국민 국가들의 경쟁이 치열해지면서 정복과 약탈에 의존하는 원형 국가로서의 존립이 어려워지는 여러 가지 제약이 나타나게 된다. 그 제약이란 첫 번째는 국가 간 전쟁이나 치열한 생존 경쟁으로 조성된 외부적 제약, 두 번째는 정복과 약탈이 일정 수준 이상일 경우 이에 대해 발생하는 각종 저항(폭동과 반란, 납세 거부, 징병 거부 등), 세 번째는 더 나은 보호와 지원을 제공하는 다른 국가가 존재할 경우 사회 성원들이 타 국가로 이탈할 가능성이다. 이러한 제약 조건이 구체적으로 확산되면, 합리적 대안을 모색하는 국

2009년 2월에 열린
병역 거부 기자 회견
ⓒ 전쟁 없는 세상

유럽이 동양 문명을 앞지른 것은 인류 문명사라는 긴 호흡에서 보면 아주 최근의 일이다. 고대 그리스 로마 문명이 번성하던 시기에 유럽은 미개한 부족 국가들로 이루어져 있었으며, 이 국가들이 로마 제국으로 편입되면서 유럽이 문명화되기 시작했다. 중세에도 유럽 국가들은 강력한 중앙 집중적 국가를 형성하지 못했고, 인도와 중국으로부터 발달된 문물을 수입하는 입장이었다. 그러다가 산업 혁명을 거치면서 유럽은 단기간에 비약적인 발전을 이룩했고, 생산성과 부의 축적에서 아시아를 능가했을 뿐만 아니라 세계 각국을 지배하는 제국주의 시대에 들어서게 된다. 이 짧은 기간의 경제 성장과 문화의 발달을 일컬어 유럽의 기적이라고 한다.

가는 피지배자의 복종을 전제로 생산 활동을 보호하고 장려하게 된다. 원형 국가는 단지 보호를 전제로 수탈하는 방식으로 재원을 확보했지만, 발전 국가는 장기적 안목에서 추출할 수 있는 원천적인 재원의 양을 증식시키는 전략을 사용한다. 그래서 사회 성원의 재산 소유와 생산 활동을 장려하고 그들이 부富를 축적할 수 있도록 경제 활동을 지원하는 다양한 발전 정책을 시행한다. 이러한 정책을 통해 장기적으로 국가 재정 수입의 극대화를 도모한다. 국민의 입장에서는 수탈이 아니라 생산을 장려하는 국가에 감사해하며 자발적 복종심에 의해 국가 유지에 필요한 재원(세금)을 납부하게 된다.

발전 국가는 사회의 생산 능력을 증가시키기 위해 재산권 보장, 자유로운 경제 활동 보호, 도로·항만 등의 사회 간접 자본 확충 등을 통해 경제 발전을 적극적으로 지원한다. 이런 국가를 '서비스 국가' 혹은 '유기적 국가'라고 부르기도 한다. 학자들의 분석에 의하면, 중세 이후 봉건 체제의 몰락과 함께 조성된 다양한 국가 체제들 속에서 등장한 서구의 발전 국가는 자본주의적 산업화를 촉진하고 놀라운 경제 성장을 달성해 '유럽의 기적'을 이루는 데 가장 중요한 요인으로 작용했다.

민주 국가 단계

서구 국가들은 발전 국가 단계를 거치면서 자연스럽게 민주 국가 체제로 진입하게 되는데, 이러한 과정은 발전 국가 단계에서 새로운 국가 발전의 파트너로 부각된 신흥 자본가 계급의 사회적 위상이 확립되면서 자연스럽게 진행되었다. 발전 국가 전략의 일환으로 인정된 재산권과 시민권은 봉건주의의 신분적 지배 질서를 서서히 붕괴시킨다. 처음에는 신분제 의회에서 신흥 자본가들이 조세 납부에 대한 조건으로 정치적 대표권을 획득했고 이를 통해 귀족 중심의 의회에 새로운 신분 계급(신흥 자본가)이 진출하게 되었다. 프랑스와 같은 일부 국가에서는 부르주아 혁명을 통해 군주-귀족-지주 계급 중심의 구체제를 무너뜨리고 공화정을 수립하기도 했다. 프랑스 혁명을 부르주아 혁명으로 부르는 것은, 이 혁명이 구체제를 무너뜨리긴 했지만 모든 국민에게 동일한 선거권이 부여되는 완전한 민주주의를 확립한 것이 아니라, 재산이 있는 자본가에게만 선거권이 주어지는 부르주아만의 민주주의를 가져오는 데 그쳤기 때문이다. 그렇지만 이후 많은 발전 국가들이 민주 국가로 전환되어갔다. 유럽의 여러 국가들이 동일한 경로를 거친 것은 아니지만, 시민권 확보를 통한 신분 계급 질서의 붕괴는 점차 노동자, 농민 등 모든 계층의 정치적 권리가 인정되는 중요한 기반이 되었다. 귀족과 시민의 불

여성 투표권

모든 남성에게 투표권이 인정된 것은 나라마다 시기가 다르고 매우 오랜 시간이 걸린 일이었지만, 여성들에게 남성과 동일한 투표권이 인정되기까지는 더 오랜 시간이 걸렸다. 유럽 국가들은 대체로 20세기 초반(1901~1930년대)에 여성에게 투표권을 부여했다. 그러므로 모든 국민에게 평등한 투표권(참정권)이 보장되는 완전한 민주주의가 실현된 것은 그리 오래전 일이 아니며, 이러한 점에서 민주주의의 소중함을 다시 생각하게 된다.

들라크루아, 〈민중을 이끄는 자유의 여신〉(1830). 프랑스 혁명으로 공화정이 수립되고 부르주아 계급은 투표권을 획득했다

평등한 투표권은 점차 평등하게 바뀌었고, 노동자와 농민에게도 동일한 투표권이 인정되었으며, 마침내 여성에게도 투표권이 주어졌다. 모든 국민에게 동일한 투표권과 참정권이 보장되는 민주주의 체제가 확립됨으로써 민주 국가는 완성되었다.

나라마다 정치적 민주화를 이룬 시기와 경로는 상이하지만, 대체로 정복 국가(약탈 국가)에서 발전 국가로, 그리고 민주 국가로 전환하는 과정에는 자본주의의 발전 과정이 밀접하게 연결되어 있었다. 자본주의 경제 체제와 관련하여 민주 국가의 중요한 특징은 공적 영역과 사적 영역에서 각기 다른 원칙이 적용된다는 점이다. 즉, 정당 간 경쟁이 이루어지고 선거를 통해 국가 권력이 확정되고 구성되는 '공적 영역'에서는 민주주의 원리가 적용되고, 시장을 통해 생산과 분배가 이루어지는 '사적 영역'에서는 자유주의 원리가 적용된다. 이러한 두 가지 특성을 아울러 '자유 민주주의'라고 표현하기도 한다.

복지 국가 단계

다음은 복지 국가 단계이다. 모든 민주 국가가 필연적으로 복지 국가로 전환될 것이라고 주장하기는 어렵지만, 대체로 민주 국가는 복지 국가로 전환되는 경향성을 보인다. 민주 국가는 복지 국가로 전환하기 위한 전 단계 혹은 전제 조건이다. 현존하는 모든 복지 국가들은 민주 국가 단계를 거쳤으며, 독재 국가에서 혹은 발전 국가에서 민주 국가 단계를 거치지 않고 복지 국가 단계로 진입한 사례는 발견할 수 없다.

왜 민주 국가 단계를 거쳐야 복지 국가로의 진입이 가능한가? 이는 민주 국가에서 나타나는 다음과 같은 두 가지 특성 때문이다. 첫째, 민주주의는 자본주의 경제 체제의 주요 계급으로 성장한 노동 계급에게 노동 3권을 부여함으로써 노동 계급의 조직화와 집단행동을 합법적으로 보장한다. 그 결과 발전 국가에서 극

국가가 국민의 복지를 보장하는 각종 제도와 서비스를 제공함으로써, 자본주의 시장 체계가 지니는 과도한 불평등을 완화하고 노동자의 삶의 질을 보장할 뿐만 아니라 자본가 계급이 안정된 투자와 이윤의 획득을 지속할 수 있게 한다.

도로 억압되는 계급 갈등이 민주 국가에서 합법적으로 표출될 수 있다. 둘째, 민주주의는 민주적 제도와 절차를 통해 노동 계급의 이익을 대변하는 좌파 정당을 결성하고 합법적인 정치 활동을 할 수 있도록 보장한다. 민주주의 체제에서 노동당은 선거에서 승리만 하면 국가 권력을 장악할 수 있고, 이를 통해 노동자의 이익을 최우선으로 하는 국가 정책을 시행할 수 있다.

이러한 두 가지 요소의 결합은 계급 간 갈등의 해법을 합법적이고 제도적인 틀 안에서 찾을 수 있는 정치적 공간을 제공했다. 자본가 계급과 노동자 계급은 복지 국가 체계라는 틀 안에서 각자의 이익을 위한 타협의 지점을 발견할 수 있게 된다. 국가가 국민의 복지를 보장하는 각종 제도와 서비스를 제공함으로써, 자본주의 시장 체계가 지니는 과도한 불평등을 완화하고 노동자의 삶의 질을 보장할 뿐만 아니라 자본가 계급이 안정된 투자와 이윤의 획득을 지속할 수 있게 한다.

나라마다 민주 국가에서 복지 국가로 전환되는 시기와 경로가 상이하기 때문에 복지 국가로 이르는 하나의 길을 제시하기 어렵지만, 복지 국가로 전환하는 단계에서 나타난 공통점은 민주주의가 만든 구조적 조건이었다. 민주주의라는 정치 제도가 사회의 주요 행위자들에게 이전 시기와 질적으로 다른 기회 구조를 제공했고, 이를 통해 그 행위자들이 속한 자본주의 경제 체제를 어떤 형태로건 변모시킬 수 있는 구조적 조건을 형성했다

영국의 사회학자 마셜T. H. Marshall이 논의한 시민권의 한 종류. 마셜에 따르면 시민권은 재산권, 자유권, 정치권, 사회권으로 확장되어왔고, 사회권이 보장된 복지 국가에서 시민권이 완성될 수 있다. 사회권은 국가로부터 최소한의 생계를 보장받을 수 있는 권리를 의미하며 마셜의 논의 속에는 생존을 보장하지 못

하는 자유권과 정치권만으로는 진정한 인권을 보장할 수 없다는 의미가 포함되어 있다.

는 점은 복지 국가가 탄생하는 데 필수 요건이었다. 민주 국가에서 '사적 영역'에 속하는 자본주의 시장 경제 체제에 대해서는 '자유주의' 원칙이 적용되었다(앞에서 공적 영역과 구분하여 언급한 바 있음). 복지 국가에서는 사적 영역인 자본주의 경제 체제에 공적 영역의 원칙인 민주주의 원칙을 적용하게 된다. 즉 자본주의 시장 경제에 민주화를 요구하게 된다. 자유주의적 분배에 더하여 정치적 합의를 통한 분배, 즉 재분배를 요구하게 되는 것이다. 정치적 합의가 가능한 것은 다음과 같이 상충되는 양측의 입장에서도 이익이 되는 절충점이 있기 때문이다. 먼저 보수 정당과 자본가 계급은, 사회권의 확대를 통해 노동 계급과 민중들의 저항을 약화하고 민주주의 정치 체제와 자본주의 경제 체제의 결합 구조 속에 반대자들을 포섭·통합해냄으로써 체제의 안정과 발전을 도모하고자 했다. 다음으로 좌파 정당과 노동 계급은, 사회권의 확대를 통해 자본주의를 사회화하고 궁극적으로는 사회주의를 실현하고자 했다. 타협이란 이 양쪽의 의도 중 어느 한쪽에 가깝든 그 중간 지점이 될 것인데, 이러한 양측의 정치적 합의를 통해 만들어진 정치와 경제 구조의 결합이 바로 복지 국가 체제로 구현된 것이라고 할 수 있다.

국가 존재 양식의 변화

복지 국가가 등장함으로써 국가의 존재 양식이 바뀌었다. 이 변화는 세 가지 측면에서 설명할 수 있는데, 첫째는 국가 규모와 기구가 엄청나게 확대되었다는 점이고, 둘째는 복지 제공 기능이 국가의 중심 기능으로 정착되었다는 점이며, 마지막으로 지배 기구로서의 국가의 정당화 방식이 변했다는 점이다.

국가 존재 양식의 변화에서 첫 번째로 주목되는 것은 무엇보다도 국가 규모와 기구의 확대이다. 복지 국가는 국민의 생활 수준을 유지할 수 있도록 사회 보장 제도를 운영하고 필요한 경우 사회 복지 서비스를 직접 제공하기도 한다. 이러한 국가 활동을 위해서는 막대한 재원이 필요할 뿐만 아니라 관리 운영 기구를 갖추어야 한다. '사적 영역'에 대한 개입을 최소화하고 질서 유지를 위한 최소한의 국가 역할을 강조하던 민주 국가와 비교하면 복지 국가의 규모와 기구의 확대는 매우 대조적이다.

둘째, 다양한 국가 기능 중 복지 제공 기능이 국가의 중심 기능으로 정착되었다. 국가의 기능에는 방위, 경제 개발, 질서 유지, 사회 성원에 대한 교육 등 여러 분야가 있다. 과거의 정복 국가에서는 군대와 질서 유지 등의 기능이 국가의 핵심 기능이었을 것이다. 발전 국가에 이르면 항만과 도로 건설, 경제 활동 지원 등 발전 정책이 중요한 국가 기능으로 부각되었을 것이다. 그런데 복지 국가에서는 군대와 질서 유지 같은 전통적인 국가 기능보다 복지 제공 기능이 핵심 기능으로서 중요한 위치를 점하게 된다. 이러한 변화는 국가의 조세 지출 구조를 살펴보면 뚜렷하게 나타나는데, 복지 국가 단계에 있던 1987년 스웨덴의 국방비는 6.6퍼센트, 경제 개발비는 9.2퍼센트에 불과한 반면 사회 보장비는 52퍼센트에 달했다. 국가의 활동은 조세 지출로 뒷받침되므로 지출의 비율은 곧 활동의 비율을 의미한다. 복지 분야에 52퍼센트를 지출했다는 것은 국가 활동의 절반 이상이 국민 복지를 위한 활동에 집중되었다는 의미이다. 이는 국가 기능의 중심이 국방에서 경제 개발로, 그리고 경제에서 사회 보장으로 이동했음을 시사한다.

셋째, 복지 국가로 접어들면서 지배 기구로서의 국가 정당화 방식이 변화했다. 이는 국가 발달 단계에서 이전 시기에 등장한 국가 유형과 비교하면 매우 중요한 변화이고 발전이다. 국가가 매우 폭력적인 존재 양식에서 품위 있고 문명화된 존재 양식으로 변화했다고 평가할 만하다.

정복 국가와 약탈 국가에서 지배를 위한 정당화는 전혀 문제가 되지 않았다. 국가는 강압력의 축적과 집중, 정복과 약탈의 극대화에 주력했고, 이 국가의 주요한 관심사는 강압력의 행사와 이에 대한 국민의 공포와 복종이었다.

발전 국가의 경우 경제 발전이라는 공공의 이익에 관심을 보

정복 국가에서는 군대가 국가 유지에 핵심적 역할을 한다

복지 국가에서는 군대와 질서 유지 같은 전통적인 국가 기능보다 복지
제공 기능이 핵심 기능으로서 중요한 위치를 점하게 된다.

국가가 제공하는 복지 혜택은 국가의 시혜가 아니라 국가에 대한 국민의 권리라는 점이 중요하다.

였지만, 더 많은 그리고 지속적인 세금 확보가 주목적이었지 국민들의 복지 문제가 일차적인 관심사는 아니었다. 경제 발전이 국가의 중요 관심사의 하나로 부각되기는 했지만, 국가 존립의 정당성이 경제 발전을 통해 확보되는 것은 아니었다.

민주 국가에 이르러 국가 존재의 정당성이 물리적 강압력으로부터 벗어난다. 민주 국가에서는 국민들에게 자유권과 정치권을 부여하고 민주적 절차에 따라 국가 권력을 구성하고 행사하는 것이 정당화의 주요 원천이 되었다. 복지 국가는 이러한 정당화에서 더 나아가, 민주적 절차에 따라 국가 권력을 구성하고 행사할 뿐만 아니라 국민들의 생활이 안전하게 유지될 수 있도록 보장하고, 생활상의 불안이 발생한 국민들에게는 구체적인 복지 급여를 제공해 국민의 복지를 보장함으로써 비로소 국가 존재의 정당성을 확보하게 되었다.

여기서 국가가 제공하는 복지 혜택은 국가의 시혜가 아니라 국가에 대한 국민의 권리라는 점이 중요하다. 복지 국가는 국민들로부터 각종 자원을 추출하고 그들에게 여러 가지 의무를 부과하는 대신, 그에 상응하는 국민들의 권리이자 국가의 의무로서 국민의 복지를 보장하는 것이다. 과거에 국가와 국민의 관계가 일방적인 의무 관계였다고 한다면, 복지 국가에 이르러 이 관계는 권리와 의무의 쌍방적 관계로 전환된다. 형식적 민주주의는 민주 국가에서 달성되지만, 실제적 민주주의는 복지 국가에서 비로소 완성되는 것으로 보인다. 민주주의 정신을 표현한 링컨 대통령의 저 유명한 연설문 '국민의, 국민에 의한, 국민을 위한' 민주주의는 오랜 국가 발달의 역사에서 복지 국가에 이르러 비로소 달성될 수 있을 것으로 보인다.

3

복지와 국가—개념으로서의 '복지'와 제도로서의 '복지 국가'

복지 국가에 대한 본격적인 이야기를 진행하기 전에 복지 국가라는 용어의 개념부터 살펴보도록 하자. 복지 국가는 복지와 국가의 합성어이다. 복지 국가의 개념적 의미를 이해하기 위해서는 복지 국가를 구성하고 있는 '복지'에 대한 개념적 이해가 필요할 뿐만 아니라, 두 단어가 결합되어 복지 국가가 되었을 때 어떤 화학적 의미 변화가 발생하는지에 대해 이해해야 한다.

복지라는 말은 한자어로서 福祉라고 쓴다. '복 복福'자와 '복 지祉'자가 결합되어 있으니 복이 매우 많은 상태를 표현하는 단어임에 틀림없다. 그래서 국어사전에 복지는 '행복한 삶' 혹은 '행복하게 살 수 있는 사회 환경'을 의미하는 것으로 해석되어 있다. 첫 번째 해석 '행복한 삶'은 그야말로 사전적 해석인 데 반하여 두 번째 해석 '행복하게 살 수 있는 사회 환경'은 복지라는 말이 사용되는 사회적 맥락을 반영한 좀 더 전문적인 해석이라고 할 수 있다. 우리는 개인의 행복한 삶을 이야기할 때는 복지라는 표현을 잘 사용하지 않는다. 예컨대 '나는 복지스러워서 만족해', 혹은 '나는 복지 때문에 만족해'라는 표현을 사용하는 경우는 거의 없다. 반면, '기업이 사원의 복지 향상을 위해……', 혹은 '우리의 작은 정성이 모여 어려운 이웃의 복지를 증진시키는……' 등의 표현은 자연스럽다. 즉 복지는 개인의 행복한 삶을 의미하는 말이라기보다는 나를 제외한 제삼자 혹은 나를 포함한 우리의 행복한 삶을 이야기할 때 적합한 말이다. 그래서 복지를 이야기할 때는 공동체와 사회적 맥락을 고려하게 되고 그래서 그냥 복지라는 말보다는 사회 복지라는 말을 더 많이 사용되게 된다.

사회 복지라는 좀 더 격식을 차린 말이 되면, 복지의 사회적 의미와 공동체적 의미가 더 강조된다. 단순히 '행복한 삶'이라는 의미를 뛰어넘어, 행복한 삶을 영위할 수 없는 혹은 불우한 생활을 할 수밖에 없는 사람들을 지원하고 도움을 제공하는 사회적 활동을 사회 복지라고 한다. 이때의 복지 상태는 단순히 개인이 행복한 상태를 의미하는 것이 아니라, 불우한 사람들이 없는, 그래서 사회가 전체적으로 행복한 상태를 의미하게 된다.

이제 좀 더 전문적인 용어를 사용해 이야기를 해보자. 사회 복지는 사회를 구성하고 있는 개인이 스스로의 능력과 노력으로 정상적인 생활을 유지하기 어려운 경우, 사회적 차원에서 개인에게 도움을 제공함으로써 정상적인 생활을 유지할 수 있도록

탑골 공원에서 쉬고 있는 노인들. 경제적으로 취약한 집단에 대한 지원이 곧 사회 복지이다 ⓒ 희망제작소 시니어사회공헌센터

지원하는 체제를 의미한다. 사회를 구성하는 모든 개인은 자신의 복지를 위해, 즉 자신의 행복을 위해 활동한다. 그런데 그러한 능력이 취약한 집단, 예컨대 경제 활동을 할 수 없는 아동, 장애인, 노약자, 자녀를 돌보아야 하는 여성 등은 스스로의 노력으로 복지 상태에 도달하기 어렵다. 이러한 계층의 약화된 경제 활동 능력을 보완하거나 강화해주고, 또 필요한 도움을 제공하거나 정상적인 생활을 유지할 수 있도록 원조를 제공하는 활동이 곧 사회 복지이다.

　인간 사회는 다양한 사회 복지 활동을 발달시켜왔다. 자선 활동, 봉사 활동 등 민간의 자발적 원조 활동이 다양한 영역에서 성장했고, 원조를 전문적으로 하는 조직과 단체들이 등장해 사회 복지를 체계화해나갔다. 사회 복지는 초기에 교회 등의 종교 공동체와 혈연을 매개로 한 지역 공동체에서 발전했지만, 점차 익명의 사회 구성원을 지원하는 복지 활동, 더 나아가 국가 단위의 복지 활동으로 확대되어왔다. 초기의 복지 활동은 민간의 자발적 자선과 봉사 활동을 중심으로 형성되었으므로, 불규칙적이고 단절적이라는 특성이 있었다. 자발적 행동이란 생각이 바뀌거나 환경이 달라지면 언제든지 철회될 수 있는 성격의 행동이 복지 국가에서 국가의 복지 활동은 관련 법률에 의거해 이루어지며, 따라서 국가에 의한 사회 복지는 법률에 의해 제도화된다. 추상적인 개념으로서의 '복지'가 제도로서의 '복지 국가'로 전환되는 것이다.

기 때문이다. 그런데 점차 국가의 복지 활동이 증가함에 따라 사회 복지가 제도화되기 시작한다. 물론 모든 국가의 복지 활동이 언제나 안정적이고 규칙적이라고 이야기할 수는 없다. 예컨대 왕권 국가에서 국가의 복지 활동은 국왕의 생각에 따라 불규칙적으로 변화할 수도 있다. 그러나 현대의 국가, 특히 민주 국가 단계를 거친 복지 국가에서 국가의 행위는 개인의 의사에 좌우되지 않는다. 국가의 행위는 민주적 선거를 거친 국민의 대표자들이 만든 법에 의거해 이루어지며, 법적 절차를 따르지 않는 국가 행위는 정당성을 획득하지 못한다. 복지 국가에서 국가의 복지 활동은 관련 법률에 의거해 이루어지며, 따라서 국가에 의한 사회 복지는 법률에 의해 제도화된다. 추상적인 개념으로서의 '복지'가 제도로서의 '복지 국가'로 전환되는 것이다.

복지 국가와 복지 사회

사회 복지, 사회 보장, 사회 정책 등 복지 국가와 관련된 유사한 용어들이 많이 사용되고 있는데, '복지 사회'라는 용어도 복지 국가와 매우 유사한 의미로 사용되어 우리에게 혼동을 준다. 이 용어는 특히 정치권에서 정치적 목적의 슬로건으로 사용될 때 원래의 의미와 상관없이 왜곡되기도 한다. 대표적인 예가 1980년대 전두환 군사 정부에 의해 설립된 제5공화국 체제에서, 국가 운영의 목표 혹은 방향이라고 할 수 있는 국정 지표로 '복지 사회 건설'이 설정된 것이다. 당시의 정부는 민주적 선거를 통하지 않고 군사력을 동원해 권력을 획득한 정부였으므로, 정치적 정당성이 매우 취약한 상태였다. 민주적 기반이 없는 독재 국가에서 취약한 정당성을 보완하는 방법으로 화려한 미사여구를 정치적 슬로건으로 사용하는 경향이 있는데, 제5공화국에서 복지 사회 건설을 국정 지표로 삼은 것을 전형적인 사례로 들 수 있다.

복지 사회라는 용어는 '국가' 대신 '사회'를 사용한 합성어이지만 구체적인 의미가 무엇인지에 대해서는 학계에서도 의견이 일치하지 않는다. 예를 들면 티트머스Richard M. Titmuss는 〈복지 국가와 복지 사회〉라는 논문에서 복지 국가에 의해 달성될 이상 사회를 복지 사회라고 표현했지만, 롭슨William Robson은 복지 사회를 복지 국가의 전제 조건으로 설명한다. 티트머스는 현실의 복지 국가가 성공적인 복지 정책을 통해 이상적인 복지 세계를 건설했을 때의 상태를 복지 사회로 표현했다. 반면 롭슨은 이상적인 복지 국가를 성공적으로 건설하기 위해서는 사회 구성원들이 이기주의적 성향을 버리고 도덕적이고 이타적인 성향이 강한 복지 사회를 이루어야 한다고 주장했다. 즉 복지 사회를 복지 국가의 전 단계로 인식한 것이다.

복지 국가는 현실에 존재하는 국가에 대한 명칭이지만, 복지 사회는 현실에 존재하는 사회가 아니라 이상 사회이거나 머릿속에만 있는 추상적인 개념을 설명하는 과정에서 만들어진 용어이다. 그래서 실체가 분명치 않고 모호하다. 정치권에서 실천을 담보하지 않고 그럴듯하게 선전하기에 좋은 용어이다. 제5공화국이 복지 국가 건설 아닌 복지 사회 건설을 국정 지표로 내세운 이유가 여기에 있지 않았을까? 정치권에서 사용하는 '복지'라는 말의 진짜 의도가 무엇인지 주의할 필요가 있다.

2장

복지 국가의 기원

영국에서의 복지 국가의 탄생

복지 국가라는 용어가 일반 대중에게 보편적으로 인식된 계기는 2차 세계대전이 끝나고 영국에서 소위 '요람에서 무덤까지' 국민의 생활을 보장하는 국가 형태가 등장하면서부터이다. 다른 대부분의 사회 현상과 마찬가지로 복지 국가의 출현은 어느 날 갑자기 일어난 사건이 아니라, 오랫동안 준비되고 논쟁되어온, 그리고 마침내 실현된 그 순간까지도 변화의 가능성을 내포한 사건이었다. 영국의 사회 구성원 모두가 복지 국가에 찬성한 것은 아니어서, 일부의 염려와 반대 속에서 다수의 기대를 안고 복지 국가 영국이 탄생하게 되었다.

베버리지

베버리지 보고서

영국에서 복지 국가가 출현한 과정에 대해 이야기할 때 베버리지William H. Beveridge와 그의 보고서를 빠뜨릴 수 없다. 베버리지 보

요람에서 무덤까지

요람은 흔들어서 아기를 재우는 채롱을 말하며, '요람
에서 무덤까지'란 태어나서 죽을 때까지 국가가 국민
의 생활을 안전하게 보장하겠다는 의미이다. 2차 세
계대전이 끝난 후 실시된 총선거에서 영국 노동당이
제창한 슬로건인 이 말에는 완전하고 충실한 사회 보
장 제도를 갖추겠다는 뜻이 담겨 있다.

고서의 탄생 자체도 순탄한 과정이 아니었다. 베버리지 보고서
가 준비되고 발표된 시기는 전 세계가 2차 세계대전의 소용돌
이에서 헤어나지 못하고 있던 1940년대였다. 당시 세계 대부분
의 국가가 전쟁의 참화를 경험했고, 영국은 그 참상의 한가운데
를 지나고 있었다. 전쟁은 전 국민의 일치된 단결과 헌신을 요구
한다. 정치 지도자들은 전쟁이 끝난 후의 평화 시기에 대한 희망

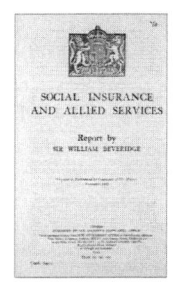

베버리지 보고서(1942)

과 비전을 제시함으로써, 전쟁의 암울함 속에서도 국민의 사기
를 드높이고 국민의 단결을 유도하고자 했다. 전쟁이 한창이던
1941년 6월, 전시 연립 내각인 처칠 행정부는 전후 사회에 대한
비전을 마련하기 위한 각종 조사 위원회를 구성했고, 베버리지
는 이러한 위원회 중 하나인 '사회 보험 및 관련 서비스에 관한
정부 부처 간 조사 위원회'의 위원장으로 임명되었다. 1년에 걸
친 조사와 토론, 관련자 의견 청취 등의 위원회 활동 끝에 베버
리지 보고서가 작성되었고 약간의 우여곡절을 거쳐 1942년 12
월에 이 보고서가 출판되었다.

당시의 기록에 의하면, 베버리지 보고서는 출판과 동시에 선
풍적인 인기를 끌었다고 한다. 보고서를 구입하기 위해 정부 간
행물 센터에 몰려든 사람들의 줄이 1마일이나 되었다고 하니,
보고서에 대한 국민의 관심과 기대가 어느 정도였는지 잘 알 수
있다. 어떤 내용이기에 정부 간행물이 베스트셀러가 되었을까?

보고서 내용을 요약하자면, 전쟁이 끝난 후 영국 사회는 빈곤

아동 수당

아동 수당은 만 15세(학업 중일 경우 16세)까지의 아동에 대해 성장에 필요한 생계비를 현금으로 지급하는 제도이다. 아동 수당이 전제 조건이 된 것은 아동의 건강한 성장이 중요하기 때문이기도 했지만, 베버리지 사회 보험의 동액 급여 원칙 때문이기도 했다. 아동이 많은 가족은 아동이 없는 가족에 비해 생활비가 많이 드는데, 아동 수당을 미리 지급하게 되면 이러한 가족 수의 차이를 고려할 필요 없이 동액 급여 원칙을 지킬 수 있었다.

이 없는 사회로 가야 하며, 빈곤은 없앨 수 있고, 빈곤 제거를 위한 주요한 도구는 사회 보험이 되어야 한다는 것이었다. 물론 베버리지는 사회 보험만으로 빈곤 없는 사회를 건설할 수 있다고 보지는 않았다. 사회 보험이 성공적으로 작동하기 위해서는 세 가지 전제 조건이 충족되어야 하며, 이를 위한 국가의 적극적인 조치가 필요했다. 첫 번째는 아동의 건강한 성장을 위한 아동 수당 제도의 시행이다. 아동은 사회의 미래이므로, 부모의 소득 수준과 상관없이 건강하게 잘 자랄 수 있도록 사회가 지원해야 한다는 것이었다. 두 번째는 질병으로부터의 자유이다. 영국 국민이라면 신분의 귀천과 소득의 고하를 막론하고 누구나 자유롭게 질병을 치료할 수 있는 무료 의료 시스템을 마련해야 한다는 주장이었다. 그리고 세 번째는 누구나 원하는 경우 일할 수 있도록, 완전 고용을 위한 적극적 노동 시장 정책을 추진하는 것이다. 이러한 세 가지 전제 조건이 달성되어 모든 국민에게 적용되는 보편적인 사회 보험이 시행될 때 영국 국민은 요람에서 무덤까지 빈곤을 걱정하지 않아도 되고, 영국은 국민의 생활을 보장하는 복지 국가가 될 수 있다는 것이다. 이때 국가가 보장해야 할 국민의 최소한의 생활 수준을 베버리지는 국민 최저선National Minimum이라고 규정하고, 이 수준 이하로 생활 수준이 떨어지지 않도록 각종 사회 보험의 급여가 이루어져야 한다고 역설했다. 이러한 제안이 받아들여질 경우, 영국 국민은 태어나서 만 15세

완전 고용이란 실업자가 전혀 없는 상태를 의미하지는 않는다. 정상적인 경제 상태에서 한 사회의 실업률이 2퍼센트 정도일 때 사람을 구하기 어렵다고 한다. 약간의 마찰적 실업이 있는 3퍼센트 내외의 실업률이 기록되는 경우를 대체로 완전 고용 상태로 평가한다. 그런데 완전 고용 상태에서의 실업률은 각 사회의 경제 체질에 따라 다르게 나타나므로 이를 일률적으로 확정하기는 어렵다.

까지는 아동 수당을 통해 건강하게 성장할 수 있도록 지원받고, 취업 연령에 도달한 성인이 되면 완전 고용 정책과 적극적 노동 시장 정책에 따라 취업 지원을 받으며, 일시적으로 실업 상태에 빠졌을 경우 재취업을 위한 지원뿐만 아니라 실업 급여도 제공받아 생계를 걱정할 필요가 없게 된다. 질병과 재해를 당할 경우 무료 치료 서비스가 제공되며, 아픈 기간 동안 직장에서의 소득이 중단되어도 최저 생활 수준 이하로 떨어지지 않도록 사회 보험 기금을 통한 소득 지원이 이루어진다. 나이가 들어 퇴직할 경우에는, 사회 보험 체계에 있는 노령 연금의 지급으로 노후의 생활이 보장된다. 즉 요람에서 무덤까지 국민의 최저 생활 수준을 보장하는 복지 국가가 실현되는 것이다.

정치권의 대립과 갈등, 그리고 선거

이상과 같은 내용을 담은 베버리지 보고서는 전쟁으로 고통 받던 영국 국민들에게 희망을 주었고 폭발적인 인기를 끌었지만, 보고서의 내용은 위원회에 주어진 권한의 범위를 넘어서는 것이었다. 사회 보험과 관련 서비스의 문제점을 검토하고 개선 방안을 마련하는 것이 위원회에 주어진 역할이었다. 그런데 보고서는 주어진 역할을 넘어, 영국 사회의 발전을 가로막는 총체적인 문제점을 분석하고, 이를 극복하고 나아갈 방향을 제시함으로써

국민 최저선

National Minimum을 번역한 말로서(국민 최저 수준 혹은 국민 기본 수준이라고 번역하기도 한다), 국가가 허용해서는 안 되는 최저 생활의 기준선을 의미하며, 이 수준 이하로 떨어지는 생활 상태가 빈곤으로 규정된다. 베버리지가 제안하는 사회 보험 급여의 수준은 이 수준에 맞추어서 모든 국민에게 동일하게 지급하는 것이다. 이를 동액 급여의 원칙이라고 한다. 이러한 원칙을 내놓은 것은 사회 보험이 빈곤 대책으로 제안되었기 때문이다.

전후 영국 사회의 총체적인 정책 비전을 제시하고 있었다. 전시 행정부를 이끌던 전시 연립 내각의 책임자 처칠 수상의 입장에서는 막대한 전후 복구 비용을 생각할 때, 베버리지 보고서의 내용을 그대로 받아들이기 어려웠을 것이다. 처칠을 비롯한 보수당 원로 정객들은 베버리지 보고서의 내용을 집행하기 위해서는 엄청난 재원이 필요하며 이를 감당하기 어렵다는 이유로 반대 의사를 표명했다. 일부 국무 위원들은 보고서 내용이 너무 혁명적이어서 반대한다는 기록도 있다. 이러한 반대 속에서 베버리지 보고서의 출판이 미루어지는 등 우여곡절이 있었으나 마침내 보고서는 출판되었고, 국민의 환영과 보수당을 제외한 자유당과 노동당의 절대적 지지를 받게 된다. 전시 내각은 베버리지 보고서 내용의 입법과 실행을 전쟁이 끝난 후에 선거를 통해 탄생할 새 정부와 의회의 책임으로 미루었다. 그러나 국민들의 폭발적인 지지 열기 속에서 무한정 막연히 미루고만 있을 수는 없었다. 베버리지 보고서 내용의 실행에 필요한 조치들을 검토하고 조사하는 위원회가 의회 차원에서 구성되어 활동하기도 했고, 노동당 소속 의원들의 주도로 일부 관련 법이 전시 의회에 상정되어 제정되기도 했다. 사회 보험부를 신설하는 법은 노동당의 애틀리Clement Attlee 의원이 주도했고, 아동에게 수당을 제공하는 가족수당법은 노동당 소속 조윗William Jowitt 의원이 상정했다. 두 법은 전쟁이 끝나기 전인 1944년 11월과 1945년 6월에 각각 제정

NHS

영국의 무료 의료 서비스 체계를 의미하는 National Health Service의 축약어. 영국은 복지 국가를 출범시키면서 이전에 의료 보험 방식으로 운영되던 의료 지원 체계를 폐지하고 완전 무료로 제공되는 의료 지원 체계를 마련했다. 이 체계에 따라 의사들은 정부가 제공하는 급료를 받고 등록된 환자들을 치료한다. 국민들은 집에서 가까운 병원에 등록만 하면 언제든지 진료비 부담 없이 무료로 질병을 치료받게 된다.

되었다.

독일이 패망하고 전쟁이 끝난 후 영국은 전시 의회를 해산하고 새로운 정부를 구성하기 위한 총선거를 1945년 7월 5일에 실시한다. 선거 운동 기간 동안 보수당과 노동당과 자유당은 모두 베버리지 보고서의 내용을 실현하겠다고 공약했다. 전시 내각에서 보수당은 반대 입장을 취했지만, 여론을 무시하기 어려웠던 모양이다. 노동당은 이러한 보수당의 입장을 비판하고(보수당은 겉으로는 찬성하지만 소요 경비를 핑계로 사회 보장 계획을 감소시킬 것이라고 비판했다), 노동당이 집권하면 사회 보험 확대와 관련된 입법 조치를 신속하게, 그리고 적극적으로 추친할 것이라고 공언했다. 선거는 노동당의 압승으로 끝났다. 총 640개 의석 중 노동당은 393석을 차지했고, 자유당은 22석을 얻는 데 그쳤다. 1945년 총선은 영국의 정당 구조가 자유당의 몰락과 함께 보수당과 노동당 양당 구도로 가는 데 결정적 계기가 된 것으로 평가받는다. 집권한 노동당은 약속대로 1946년 7월에 국민 보험 제도와 산업 재해 보험 제도를 실시하는 법안을 통과시켰고, 1946년 11월에 국민보건서비스법(NHS)을, 그리고 1948년 5월에 국민부조법을 공포했다. 국민부조법이 효력을 발휘한 1948년 7월 5일이 영국 복지 국가의 정식 출범 시기로 간주된다.

복지 국가 탄생의 필수 요소들

영국에서 복지 국가가 탄생하는 과정을 살펴보면, 복지 국가란 어떤 국가를 의미하는지, 그리고 복지 국가가 되는 과정에 중요한 요소들은 무엇인지를 알 수 있다. 더 나아가 복지 국가이기 위해서는 어떤 요소들을 갖추어야 하는지를 확인할 수 있다.

제일 먼저 확인할 수 있는 중요한 사실은, 너무나 당연한 이야기지만, 복지 국가이기 위해서는 국가가 국민의 생활이 일정 수준 이하로 떨어지지 않도록 보장하거나 혹은 적극적 조치를 취해야 한다는 것이다. 여기서 국가의 행위는 막연히 경제 성장 혹은 경제 부흥을 통해 국민 모두가 잘살도록 한다는 원칙론적이거나 추상적인 것이 아니라, 구체적으로 일정한 생활 수준, 예컨대 국민 최저 생활 수준을 정하고 그 이하의 생활 수준으로 떨어지는 국민이 없도록 예방 정책을 시행하고, 실제로 국민 최저 생활 수준 이하로 떨어지는 국민에 대해서는 생계 비용을 직접 지원하는 적극적인 대책을 포함하는 것이다. 이러한 정책을 일반적인 경제 정책과 구분하여 사회 정책이라고 부르며, 다양한 사회 정책들 중에서도 사회 보장 정책이 핵심 역할을 담당하게 된다. 베버리지는 사회 보장 정책 중에서 사회 보험 제도가 가장 중심적 역할을 담당할 수 있을 것이라 주장했다. 베버리지가 사회 보험의 성공을 위한 세 가지 전제 조건으로 제시한 아동 수당

처칠

영국의 정치가이자 저술가. 처칠은 보수당으로 의회에 진출했지만, 사회 개혁에 대한 관심으로 자유당 국회 의원이 된다. 1909년부터 당시의 재무장관 로이드 조지와 함께 사회 보험 제도를 도입하는 과정에 참여하기도 했다. 몇 가지 정책에서 진보 진영과 갈등을 빚은 후 다시 보수당으로 옮겼으며, 2차 세계대전 중에는 보수당의 당수 및 연립 내각의 수반으로서 지도력을 발휘해 전쟁을 승리로 이끌었다. 참전 경험을 토대로 전쟁 소설들을 집필했으며, 1948년부터 1953년까지 방대한 역사서 《제2차 세계대전》을 출판했다. 이러한 문학적 업적을 인정받아 1953년 노벨 문학상을 수상했다.

제공, 무료 의료 서비스 제공, 완전 고용 정책은 넓은 의미에서 사회 (보장) 정책의 범주에 속한다고 볼 수 있고, 복지 국가는 다양한 사회 정책을 통하여 국민의 생활 수준을 보장하는 데 적극적 노력을 기울이는 국가라고 할 수 있다.

두 번째로 확인할 수 있는 사실은 복지 국가는 민주주의 정치 과정 혹은 의회 민주주의 절차를 통해 성립되었다는 것이다. 베버리지 보고서가 제안한 내용은 국민의 열렬한 환영과 지지를 받았지만, 그 내용을 실현하는 과정은 평탄하지 않았다. 보고서의 출판도 미루어졌고, 내용의 실천을 둘러싸고 당파와 이해 집단에 따라 반대와 이견이 존재했다. 그러나 이러한 이견은 선거를 통해 국민 다수의 선택을 받은 정당이 국민 다수가 지지하는 법을 만들고, 또 행정부를 구성하여 그 법을 집행하는 일련의 민주적 절차와 과정을 통해 조정되고 정리된다. 베버리지 보고서 내용을 실천하는 데 반대 의견을 표명하던 처칠 전시 내각 수상은 전후 선거에서 선택될 정부에 보고서 내용의 실천을 미루었는데, 선거 결과 보수당이 참패함에 따라 전쟁을 승리로 이끈 지도력에도 불구하고 전후 행정부의 수반이 될 수 없었다. 베버리지 보고서의 적극적 추진을 공약으로 내세운 노동당이 집권했고, 노동당 정부의 주도로 보고서 내용을 실천하는 주요 제도들이 법제화되었다. 물론 국민의 여론을 의식하여 선거 국면에서는 보수당의 입장이 적극 찬성으로 바뀌었는데, 그 때문에 보수 복지 국가의 탄생 과정을 보면, 복지 국가는 민주주의 정치 과정을 통해 성립되었으며, 복지 국가와 이념적으로 가장 친화성이 있는 정파는 사회 민주주의로 표현되는 중도 좌파라는 사실을 확인할 수 있다.

시민들에게 손을 흔드는 처칠(1945년 5월). 그는 2차 세계대전을 승리로 이끌었지만 전쟁 직후의 선거에서 패배했다

당과 자유당과 노동당은 사회 보장과 관련하여 정책상의 차이가 없는 것처럼 보이기도 한다. 그러나 어느 정당이 더 적극적인가, 어느 정당이 더 많은 재원을 사회 복지에 사용할 것인가와 같은 정도의 차이는 분명했고, 그러한 정도의 차이가 노동당이 더 많은 선택을 받는 결과를 초래한 것으로 보인다. 여하튼 이렇게 민주적 선거 과정을 거쳐 관련 법률이 제정되고, 법률을 기반으로 제도가 만들어지고, 이러한 토대 위에서 복지 국가가 작동하게 되는 것이다.

복지 국가의 탄생 과정에서 확인되는 세 번째 사실은, 복지 국가와 이념적으로 가장 친화성이 있는 정파는 사회 민주주의로 표현되는 중도 좌파라는 것이다. 유럽 각국에서 중도 좌파에 해당하는 정당들은 노동당, 사민당 등 다양한 명칭을 사용하지만, 자본주의 사회에서 다수 대중인 노동자 계급의 이익을 대변하면서 선거를 통한 민주적 방식으로 정치권력 획득을 도모한다는 점에서는 공통적이다. 중도 좌파 정당들은 민주적 절차를 중요시하기 때문에 정치적 목적, 혹은 정당의 목적을 추진하는 방식에 있어서도 혁명적 변화보다는 점진적 변화를 당연한 것으로 여긴다. 사민주의 혹은 중도 좌파 정당들은 자본주의 사회의 불평등과 부의 편중 현상을 개인의 능력과 노력의 차이에 비해 과도하며 정의롭지 못한 것으로 바라본다. 반면 개인의 능력과 노력의 차이를 고려하지 않은 획일적 평등, 결과의 평등 또한 바람직하지 않은 것으로 평가한다. 각자의 능력과 노력에 따른 형평성이 보장되는 사회, 차이는 있지만 차별이 없는 사회, 인간의 노동 가치가 존중되는 사회를 꿈꾼다. 각자가 능력에 따라 일하고 필요에 따라 소비할 수 있는 사회가 이상 사회이고, 이러한 유토피아는 자본주의 사회에 과도하게 존재하는 불평등을 점진적으로 제거해나가면 언젠가 달성될 수 있을 것으로 상정한다. 이러한 이념적 지향성은 복지 국가 전략과 매우 친화적이며, 나중에 스웨덴의 사례에서 더 구체적으로 다루게 되겠지만, 복지 국가와 사민주의가 동일체가 되거나 혹은 동전의 양면과 같이 되는 현상을 낳기도 한다. 스웨덴에서 사민주의는 복지 국가를 통해 구현되며, 복지 국가는 사민주의 이념을 실현하는 전략적 도구이기도 하다.

영국에서 노동당은 노동자 계급의 이익을 대변하며, 의회 민주주의를 찬성하고 점진적 개혁 전략을 채택하고 있다는 점에서 사민주의 혹은 중도 좌파 정당이라고 할 수 있다. 노동당은 1906년부터 이 이름을 공식 당명으로 사용했으며, 1940년대 이전까지 자유당과 더불어 소수 정당으로서 보수당을 견제하는 역할에 머물러 있었다. 1924년과 1929년, 두 차례 자유당과의 연정을 통해 집권 경험을 했으나 절대적인 의석수에서는 보수당과 격

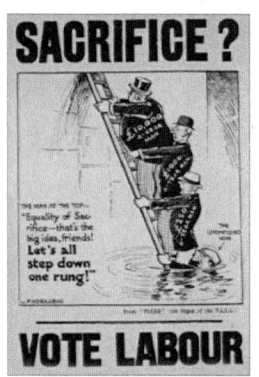

노동당 포스터(1931)

차가 컸고, 자유당과 제2당 경쟁을 하는 정도의 지지율을 확보하고 있었다. 그런데 전후 복지 국가 실현이라는 정치 쟁점을 놓고 보수당과 경쟁함으로써 처음으로 다수당을 차지했으며, 이를 계기로 자유당이 몰락하고 보수당과 노동당이 경쟁하는 양당 체제가 영국에서 정착하게 된다. 1942년 베버리지 보고서가 발표되자, 보수당의 지도부는 반대 입장을 표명한 반면에 노동당과 자유당은 적극적인 지지를 표명했고, 노동당 출신 몇몇 국회의원들은 보고서에 담긴 내용의 일부를 정책화하는 법안을 앞장서서 제안하고 통과시키기도 했다. 국민들의 열광적인 찬성 분위기 속에서 보수당도 소극적 지지를 표명했지만, 선거 결과는 노동당이 보수당을 누르고 더 많은 국회의원을 당선시킴으로써 집권 정당이 된 것이었다. '복지 국가론'의 관점으로 해석하자면 이러한 선거 결과는, 요람에서 무덤까지 국민의 생활을 보장하는 복지 국가의 실현을 위한 가장 적절한 실천 대행자는 노동당이라고 영국 국민이 판단했음을 의미한다.

복지 국가는 정치 체제의 측면에서 의회 민주주의 국가이고, 이념적인 측면에서 중도 좌파 사민주의 이념과 친화하며, 사회 보장 정책을 통해 국민이 인간다운 생활을 유지할 수 있도록 국민의 생활 수준을 보장하는 국가를 의미한다.

welfare state(복지 국가)
welfare state라는 낱말이 옥스퍼드 영어 사전에 등
재된 것은 1955년으로, 템플 주교가 최초로 이 말을
쓴 지 14년이 지난 후이다. 복지 국가라는 낱말에 대
한 사전의 해석은 '국민의 적절한 생존에 유리한 제
반 조건을 모두에게 보장할 수 있도록 구성된 정치
체제'이다.

'복지 국가' 용어의 탄생

앞에서 복지 국가의 탄생 과정과 의미를 살펴보았는데, 소개한
내용은 우리에게 널리 알려진 영국의 이야기를 좀 더 자세하게
다룬 것이다. 그런데 실제로는 영국보다 더 발달한 복지 국가를
구현하고 있으면서도 우리에게 잘 알려지지 않은 국가들이 많
다. 스웨덴, 핀란드, 노르웨이 같은 스칸디나비아 반도 국가들이
대표적인 예이다. 이러한 나라들은 영어 사용국이 아니어서 우
리에게 잘 소개되지 않는 경향이 있다. 우리는 최초로 복지 국가
라는 말을 쓴 나라를 영국으로 알고 있지만, 이는 영어 welfare
state(복지 국가)를 처음 쓴 나라라는 의미로 제한하여 해석해야
한다. 그런데 한국어 복지 국가에 해당하는 외국어는 독일어, 프
랑스어, 스웨덴어 등 다양하게 존재한다. 어느 나라에서 그러한
의미의 단어를 처음 사용했는지 확인하기는 어렵다.

일설에 의하면 영국에서 처음으로 복지 국가라는 말을 쓴 사
람은 템플William Temple 주교라고 한다. 템플 주교는 1941년에《시
민과 성직자》라는 책에서 이상적인 국가는 국민의 복지 향상을
최고 목표로 하는 복지 국가여야 한다는 주장을 하면서 복지 국
가라는 말을 사용했다. 이 기록은 공식적으로 확인된 것이므로,
실제 용어의 등장 시기는 이보다 더 앞섰을 가능성이 있다. 또한
이 용어가 영국에서 자생적으로 발생한 것이라기보다는 사회 정

책이 발전한 이웃 국가들에서 사용되는 용어의 영어 번역어로서 전달된 것이었을 가능성도 높다. 중요한 것은 어느 나라에서 복지 국가라는 용어를 처음 사용했는가가 아니라, 복지 국가 '현상'이 어느 나라에서 언제쯤 출현했는가일 것이다.

스웨덴
—영국보다 빠른 복지 국가의 출범

스웨덴의 경우 영국보다 다소 빠른 시기인 1930년대에 복지 국가 체제가 구축되기 시작한 것으로 파악된다. 스웨덴의 복지 국가는 영국과는 상당히 다른 정치 사회적 환경 속에서 형성되었으며 또한 추구하는 궁극적 목적도 다소 상이한 것으로 평가된다. 학자들은 이상적인 복지 국가 체계에 가장 근접하고, 또 사민주의 이념을 가장 잘 반영하고 있는 복지 국가 모델을 스웨덴에서 찾기도 한다. 소위 스웨덴 모델이 생성된 시기를 학자들은 1932년으로 보고 있는데, 이때 스웨덴 사민당의 장기 집권이 시작되었고, 스웨덴 특유의 복지 국가 모델이 형성되기 시작했다. 1932년에 스웨덴 사민당은 41.7퍼센트의 득표율로 집권당이 되었으며, 그다음 선거인 1936년에는 더 큰 승리를 거두어 45.9퍼센트의 지지율을 획득했다. 이러한 정치적 환경은 복지 국가 찬성 이데올로기를 형성하는 좋은 토양이 되었으며 이는 여타의 서구 국가들과 구별되는 스웨덴의 독특성이다. 앞에 소개한 영국의 경우 사민주의 정치 이념을 추진하는 노동당은 보수당과 힘겨운 경쟁 관계에 있었고, 복지 국가가 출현하기 이전에는 정치적 입지가 매우 좁은 상태였다. 복지 국가 제도 형성 과정에서 보수당과 노동당은 지속적인 각축전을 벌였고, 그 결과 채택된 정책들은 양당 간의 타협의 산물일 수밖에 없었다. 어느 일방의 이데올로기가 일방적으로 주입된 형태의 제도는 발견하기 어렵다. 대부분의 서구 국가들에서는 이러한 경향이 강하다. 그런데 스웨덴의 경우 1930년대 이후 사민당은 정치적 기반이 매우 견고했고 아주 오랫동안 집권 정당의 지위를 유지할 수 있었다. 이러한 정치적 기반은 사민당이 주도해나가는 복지 국가 체제를 형성할 수 있게 했다. 물론 그렇다고 사회 보장 정책이 사민당의 일방적 이해를 대변하는 구조로 구성되었다고는 할 수 없다. 어느 정도의 타협과 조정—예컨대 1930년대의 적농 동맹(노동 계급과 농민 계급의 연합)을 통해 농민의 이해를 적극적으로 수렴하기도 했다—이 있었지만, 보수당이나 자유당의 타협에 따른 정책이 아니라 사민당이 주도하는, 즉 사민당의 정치적 이념이 많이 반영된 정책안이라는 점은 매우 중요한 의미를 지닌다. 영국에서 복지 국가의 기틀을 마련한 베버리지 보고서의 제안이 초점을 맞춘 것은 빈곤의 해소와 예방, 즉 빈곤 없는 사회를 만드는 것이었다. 베버리지 보고서의 내용을 입법화해 영국에서 복지 국가가 출범했으므로, 영국 복지 국가가 추구하는 궁극적인 목표는 빈곤 없는 사회라고 표현할 수 있으며, 베버리지의 표현을 따르자면, 국민 최저 생활 수준이 보장되는 국가 건설이라고 할 수 있다. 그런데 스웨덴 복지 국가가 추구하는 궁극적인 목표는 빈곤 해소에 머물지 않는다. 스웨덴 복지 국가는 과도한 불평등이 없는 사회, 즉 불평등의 완화를 목표로 한다. 빈곤한 사람이 없을 뿐만 아니라 가장 소득이 낮은 사람들의 생활 수준도 평균적인 사람들의 생활 수준과 격차가 크지 않은 사회, 가능한 한 평등한 사회를 구축하자는 것이 스웨덴 복지 국가의 궁극적인 목표이다. 그래서 스웨덴 복지 국가 체계에서 사회 보장 제도가 차지하는 비중은 다른 유형의 복지 국가에 비해서 상대적으로 낮다. 그렇다고 해서 스웨덴에서 사회 보장 제도가 중요하지 않다는 의미는 아니다. 사회 보장 제도가 빈곤을 해소하고 불평등을 완화하는 데 중요한 역할을 담당하고 있기는 하지만, 이에 못지않게 다른 사회 정책이 중요하게 작동하고 있으며, 그렇게 작동하도록 제도화되어 있다는 것이다.

먼저 스웨덴 복지 국가 체계에서 시장 경제에 대한 국가의 적극적 개입은 매우 중요한 의미를 지닌다. 스웨덴은 국가 주도의 완전한 계획 경제를 시도하는 것은 아니지만, 불황기에 일자리를 만들고 실업자를 줄이기 위한 적극적 노동 시장 정책을 시행한다. 오늘날 불황기에 국가가 적극적으로 개입해 공공 일자리를 창출하는 정책은 매우 일반화되어 있지만, 자유주의 시장 체

스웨덴 녹색당과 사민당이 공동으로 예산 관련 기자 회견을 하고 있다(2008년 10월)

스웨덴 복지 국가는 과도한 불평등이 없는 사회, 즉 불평등의 완화를 목표로 한다. 빈곤한 사람이 없을 뿐만 아니라 가장 소득이 낮은 사람들의 생활 수준도 평균적인 사람들의 생활 수준과 격차가 크지 않은 사회, 가능한 한 평등한 사회를 구축하자는 것이 스웨덴 복지 국가의 궁극적인 목표이다.

케인스

영국의 경제학자이자 언론인, 금융인으로 대표 저작
《고용·이자 및 화폐에 관한 일반 이론The General
Theory of Employment, Interest and Money》(1935
~1936)을 통해 케인스주의 경제학파를 형성했다.
1930년대의 경제 공황에 대해 전통적인 경제학자들
이 현실 적합성을 상실한 대응에서 벗어나지 못한 반

면, 케인스는 경제가 보다 심하게 위축된 시기에는 공
공사업이나 빈곤층에 대한 보조금 등의 형태로 적자
재정을 유지하는 보다 강력한 대책이 요구된다는 것
을 이론적으로 밝혔다.

제에 대한 믿음이 강하던 20세기 초반에 노동 시장에 대한 공공
의 개입은 매우 이례적인 것이었다. 불황기 시장 경제에 대한 국
가 개입의 정당성을 이론적으로 뒷받침한 것은 케인스John Maynard
Keynes(1883~1946)의 '일반 이론'이다.

　케인스는 자본주의 경제 체제에서 시장 체계가 항상 효율적으
로 작동하지는 않으며, 시장의 효율성에 문제가 발생했을 때 공
공이 적절히 개입해야 한다는 점을 이론적으로 설명했다. 케인
스에 따르면, 자본주의 경제 체제는 시장의 질서에 의해 작동하
는데, 시장의 효율성에 문제가 발생하는 시기가 불황이며, 자본
주의 사회는 정기적으로 호황과 불황을 겪는다. 호황기에는 모
든 투자가들이 수익을 더 많이 획득하기 위해 가능한 한 많은 자
본을 투입하게 되는데, 이는 과잉 투자로 이어지고 과잉 투자는
과잉 생산을 유발한다. 과잉 생산이란 그 사회가 소비할 수 있는
분량 이상을 생산한다는 의미이다. 즉 과잉 생산은 물품이 판매
되지 못하고 창고에 쌓인다는 의미이며, 이는 곧 불황을 의미한
다. 자본주의 사회에서 호황의 끝이 항상 불황으로 연결되는 이
유가 여기에 있다. 물건이 판매되지 않으면 공장이나 기업은 노
동자에게 임금을 주기 어렵게 되고 그 결과 실업자가 증가하게
된다. 실업자들은 임금을 받지 못하므로 필요한 물품을 사지 못
하게 되며, 실업자가 아닌 노동자들도 어려운 시기이므로 물품
을 구매하는 데 주저하게 된다. 이러한 상황은 사회 전반에 걸쳐

미국의 대공황

1929년 10월에 시작된 대규모 경제 공황으로 1932년까지 국민 소득은 874억 달러에서 417억 달러로, 산업 생산지수는 110에서 57로 거의 반 도막이 났다. 이 기간 동안 실업자는 150만 명에서 1,200만 명으로 거의 10배 가까이 급증했다. 미국 사회가 실업과 빈곤, 그리고 폭동의 공포 속으로 빠져든 시기이다.

아동 복지 서비스를 제공하는 공공 보건 간호사(미국, 1935)

발생하므로, 기업주의 입장에서는 상품 판매가 더욱 어려워진다. 그러면 또 고용원을 해고하게 되고, 이는 실업자 증가로 이어진다. 이러한 악순환이 불황 상태이며, 악순환이 매우 심각하게 전개되어 회복 불능의 혼돈 상태에 빠진 상황을 경제 공황이라고 부른다.

그동안 자본주의 경제 체제는 몇 차례의 경제 공황을 경험했는데, 1920년대 말의 공황은 매우 심각한 수준이었다. 자본주의 세계 경제 전체가 혼란 상태에 빠졌으며, 당시 풍요로운 사회로 급속하게 발전하던 미국에서도 대부분의 근로자가 실업자로 전락하는 유례를 발견하기 어려운 대공황이 전개되었다. 이러한 케인스에 따르면, 자본주의 경제 체제는 시장의 질서에 의해 작동하는 데, 시장의 효율성에 문제가 발생하는 시기가 불황이며, 자본주의 사회는 정기적으로 호황과 불황을 겪는다.

시장 경제 질서의 마비 상태에서 벗어나는 길을 케인스는 1936년에 '일반 이론'을 통해 제시했다. 케인스는 시장 경제가 작동하지 않는 공황 상태의 원인이 상품 공급과 생산 부족이 아니라 너무 많은 생산, 즉 과잉 생산이므로 공급을 장려하는 정책에서 방향을 전환할 것을 주문한다. 즉 중요한 것은 생산이 아니라 소비라는 사고의 전환을 이

루스벨트 정부의 뉴딜은 대표적인 공공 일자리 창출 정책이다 (미국, 1935)

루어낸다. 소비를 장려하고 촉진함으로써 시장 경제가 다시 작동할 수 있도록 힘을 불어넣을 수 있다는 것이다. 소비를 촉진하기 위해서는 소비 능력이 없는 실업자에게 소득이 발생할 수 있도록 사회 보장 급여를 제공하거나 일자리를 마련해주는 적극적인 정책적 개입이 필요하다. 공황 상태의 시장 경제에서는 일자리가 없으므로 정부가 도로 건설 등 공공사업을 전개해 실업자들을 고용하는 공공 일자리 창출이 중요하다. 케인스 이론은 기존의 공급의 경제학에서 수요의 경제학으로 이론적 패러다임이 전환되는 계기를 만들었을 뿐만 아니라, 새롭게 싹트고 있던 복지 국가 체제에 중요한 이론적 기반을 제공했다.

1920년대 후반에 시작된 세계 경제 공황은 1930년대 초반에 이르러 스웨덴 경제에도 영향을 미쳤다. 수출 산업이 큰 타격을

스웨덴 사민당의 '케인스 없는 케인스주의'

1932년 스웨덴 사민당이 추진한 공공사업 확대를 통한 노동 시장에 대한 적극적 개입은 당시 영국, 독일 등의 사민주의 정당들이 부르주아 정당들과 구분되는 특별한 대안을 내놓지 못하던 상황과 대비된다. 케인스의 《일반 이론》이 출간된 것도 스웨덴 사민당의 정책 제안보다 4년이나 뒤늦은 1936년의 일이다. 그래 서 학자들은 스웨덴 현상을 가리켜 케인스 없는 케인스주의 경제 정책이라고 말한다. 이것이 의미하는 바는 케인스의 경제 이론이 복지 국가 체제를 형성한 것이 아니라는 것이다. 즉 케인스가 없었더라도 복지 국가는 필연적으로 적극적 노동 시장 정책을 전개할 수밖에 없었을 것이다.

입었고 실업률이 급격하게 상승해 1931년에는 25퍼센트 수준까지 올라갔다. 당시 집권당이던 자유당의 에크만Carl Gustaf Ekman 내각은 전통적인 공급 중심의 경제 대책(생산 비용 절감과 재정 균형 정책)에서 벗어나지 못했으며 경제 불황에 대한 국민들의 불만은 고조되어갔다. 1932년의 총선거에서 사민당은 위기 상황을 타개하기 위해서는 적극적인 공공사업을 통해 일자리를 창출하고 실업자들에게 일자리를 제공해야 한다고 주장한다. 실제로 사민당은 1930년 공공사업 예산을 2.5배로 대폭 확대하는 요구안을 국회에 제출하기도 했다. 사민당은 위기 타개 정당으로 호소력을 발휘했으며 선거 결과 42퍼센트의 득표율로 1928년에 잃어버린 집권당의 지위를 회복했다. 이후 사민당은 적극적인 노동 시장 정책과 사회 보장 정책을 두 축으로 하는 복지 국가를 건설하는 데 성공했고, 성공적인 복지 국가 정책들은 사민당 재집권의 동력으로 다시 작용했다. 이러한 상호 작용의 효과로 스웨덴에서 사민당은 장기간 집권당의 지위를 유지할 수 있었다.

스웨덴 복지 국가 체제에서 시장 경제에 대한 국가의 개입은 공공 일자리 창출 정책에서 더 나아가 노동 시장에서 임금의 격차를 줄여나가는 연대 임금 정책으로까지 확대된다. 연대 임금 정책이란 임금 수준이 높은 산업의 임금 인상은 억제하고 임금 수준이 낮은 산업의 임금 인상률은 높이도록 노동조합들이 연대하며, 이러한 노조의 결정을 노동자 대표(노조), 기업주 대표

(사용자), 정부가 합의하는 노사정 합의 체계가 제도화된 임금 결정 체제이다. 이러한 적극적 노동 시장 정책의 결과로 오늘날 스웨덴은 임금 불평등이 가장 작은 나라 중의 하나로 꼽힌다. 스웨덴 복지 국가 체제를 구축하는 세 기둥은 누구나 일할 수 있는 기회를 제공하는 완전 고용 정책, 가장 낮은 임금을 받는 사람들도 평균적 생활 수준에서 떨어지지 않도록 임금 격차를 줄여주는 연대 임금 정책, 그리고 재해와 질병, 실업과 정년퇴직 등 인생의 위기 상황에서도 정상적인 생활이 가능하도록 지원하는 보편적인 사회 보장 정책이라고 볼 수 있다.

연대 임금 정책의 내용과 유래

스웨덴은 블루칼라 노조 연합(LO) 대표와 경영자 조직(SAF) 대표, 그리고 정부 대표가
협의해 임금 인상률 및 여러 노동 현안들을 조정하는 노사정 합의 구조가 잘 발달되
어 있는 나라이다. 1950년대에 구체적 모습을 드러낸 연대 임금 정책의 기원은 1930년
대로 거슬러 올라간다. 당시에는 산업별 노조 중심으로 임금 협상이 진행되고 있었는
데, 건설 산업의 경우 임금 협상이 결렬되어 파업이 한창이었다. 건설 부문의 임금 수
준은 생산성에 비해 과도하게 높아 건설 산업의 경쟁력을 떨어뜨릴 뿐만 아니라 당시
집권당인 사민당의 경제 정책에 걸림돌이 되기도 했다. 중앙 집중적인 권한을 축적해
온 LO는 연대주의와 생산성 중시 노선을 내세워 건설 노조의 파업을 중지시키고 임
금 인상을 억제하는 데 성공했다. 이후 LO는 스웨덴의 산업별 임금 격차를 줄이기 위
한 다양한 시도를 하게 된다. 그러나 연대 임금 정책을 공식화하기에는 LO는 아직은
소수파였다.

1941년 LO 대회에서 임금 정책의 이념으로서 연대 임금 정책이 공식화된다. 내용은 동
일 노동, 동일 임금으로 정리되었다. 직종 간 합리적 임금 격차는 유지하면서 동일 내
용의 노동에 대해서는 기업과 부문의 생산성이 높고 낮음을 불문하고 동일 임금 수준
을 적용하는 것이 연대 임금 정책이 지향하는 바였다.

1951년 LO 대회 보고서 〈노동조합 운동과 완전 고용〉은 연대 임금 정책의 완결판이다.
렌Gosta Rehn과 메이드네르Rudolf Meidner가 제안했다는 의미에서 이를 렌–메이드네르 모
델이라고 부르기도 한다. 이 모델의 목표는 연대 임금 정책을 통해 산업 구조의 고도
화, 인플레이션 억제, 연대와 평등, 노사의 자율성이라는 상호 모순되어 보이는 네 가
지 목표를 동시에 달성하는 것이었다. 연대 임금 정책을 통해 동일 노동이 동일 임금
으로 평준화하면, 생산성이 떨어지는 기업이나 부문에서는 임금 수준을 감당하기 어
렵게 될 것이며, 생산성이 높은 부문에서는 상대적으로 낮은 수준에서 임금이 결정되

기 때문에 과도한 이윤이 발생할 것이다. 초과 이윤 부문에서는 기금을 축적하고 경쟁력을 비축하는 반면, 이윤율이 낮은 부문의 기업과 산업에 대해서는 생산성 향상 혹은 합리화의 압력이 행사될 것이다. 산업 구조의 고도화 정책이 추진되는 것이다. 기금은 정리된 부문의 노동자들을 재훈련, 재취업시키는 적극적 노동 시장 정책의 재원으로 활용된다. 노동자들은 끊임없이 사양 산업에서 경쟁력 있는 신산업으로 재편되어 들어가야 한다. 새로운 노동 시장 정책은 단순한 직업 소개나 실업 수당 같은 수동적 대응이 아니라 고생산성 부문의 고용 촉진과 실업자에 대한 직업 훈련 등을 내용으로 한다는 의미에서 적극적 노동 시장 정책이어야 한다. 한편 사회 전체의 임금이 적절한 수준으로 통제됨으로써 인플레이션이 억제될 것이다.

이러한 내용과 비전을 담은 렌-메이드네르 모델은 중앙 집중적 임금 교섭이 이루어지지 않는다면 실현 불가능하다. 임금 교섭이 산별 노조로 분권화되어 있을 경우 산업별 임금 격차를 줄이기 어렵다. 1950년대와 1960년대에 걸쳐 분권화된 임금 교섭이 점차 중앙 집중화되어왔으며, 완전한 중앙 집중식 협상을 통한 연대 임금 정책에 이르기까지는 가야 할 길이 더 많이 남아 있다. 그렇지만 LO 조합원 간의 임금 격차는 매우 좁아지고 있다.

3장

복지 국가의 진화, 제도, 유형

복지 국가의 발전 단계

우리는 앞에서 복지 국가의 탄생 과정을 영국과 스웨덴의 사례를 중심으로 살펴보았다. 복지 국가는 소개된 바와 같이 어느 날 갑자기 하늘에서 떨어지거나 땅에서 솟아난 것이 아니라 오랜 제도적 성숙과 준비 기간, 이견과 갈등 속에서의 타협과 합의를 거쳐 진화해온 결과물이다. 복지 국가 탄생 이전부터 복지 국가를 구성하는 사회 복지 제도들이 존재했고, 이 제도들은 복지 국가를 예고하는 것이었다. 그리고 복지 국가가 출범한 이후에도 복지 국가들은 발달, 변화해왔다.

많은 학자들이 복지 국가의 발전 단계를 시기별로 구분하여 설명하는데, 미국의 사회정책학자인 헤클로Hugh Heclo는 이를 네 시기로 구분한다. 즉, 그는 복지 국가의 발전 단계를 1870년대부터 1920년대까지 시행기, 1930년대부터 1940년대까지 정착기, 1950년대부터 1960년대까지 확장기, 그리고 1970년대 이후 재편기로 구분하여 설명한다. 그가 구분한 시기의 명칭에 정확하

복지 국가의 발전 단계

복지 국가의 출현과 발전 단계에 대한 설명은 학자에 따라 다소 상이하다. 예컨대 피어슨Christopher Pierson은 복지 국가의 탄생을 사회 보험이 출현한 시기와 동일시한다. 그는 1880~1914년을 복지 국가의 탄생기, 1918~1940년을 복지 국가의 정착과 발전기, 1945~1975년을 복지 국가의 황금시대, 1975년 이후

를 복지 국가의 위기와 구조 조정기로 구분한다. 헤클로나 피어슨의 견해와 다르게 이 책을 서술하는 저자는 복지 국가를 좀 더 엄격하게 규정했고, 복지 국가 출현 시기도 대중적인 견해를 따랐다.

게 동의하기는 어렵지만, 이러한 시기 구분은 복지 국가 발전 단계를 설명하는 데 유용한 것으로 평가된다.

헤클로가 구분한 복지 국가의 첫 단계인 시행기는 복지 국가의 준비 단계를 의미하는 것으로 해석해야 할 것이다. 복지 국가를 구성하는 여러 복지 제도들이 맹아적 형태를 보이거나 발생하고 형성된 시기이다. 나중에 복지 국가의 중심 제도로서의 위상을 차지하게 될 사회 보험 제도들이 각국에서 등장하고 성장해나간 시기라고 볼 수 있다. 예컨대 상당히 이른 시기인 1883년에서 1887년 사이에 독일에서는 전국적인 차원에서 최초의 사회 보험이 만들어진다. 사회 보험은 복지 국가에서 중요한 제도적 기반이 되지만, 사회 보험 제도의 출현 그 자체를 복지 국가의 출현과 동일시하기에는 무리가 있다. 본격적인 복지 국가의 출현은 좀 더 시간이 흐른 뒤에야 이루어진다. 사회 보험 제도만으로는 복지 국가를 떠받치기에 불완전하다. 경제 체제에 대한 국가의 개입, 노동 시장 정책, 보건 의료 정책 등 다양한 사회 정책들이 복지 국가의 기둥들을 떠받쳐주어야 한다.

헤클로의 표현에 의하면 정착기에 접어들면서 복지 국가를 구성하는 다양한 제도가 상호 간에 조정, 통합, 정착된다. 사회 보험뿐만 아니라 공공 부조, 사회 수당 등 사회 보장 제도들이 고유한 기능을 수행하여 상호 연관 관계를 맺고, 사회 보장 제도와 노동 시장 정책이 밀접하게 연결되며, 또한 교육 정책과 가족 정

복지 국가는 어느 날 갑자기 하늘에서 떨어지거나 땅에서 솟아난 것이 아니라 오랜 제도적 성숙과 준비 기간, 이견과 갈등 속에서의 타협과 합의를 거쳐 진화해온 결과물이다.

1880년대에 비스마르크가 시행한 사회 보험 제도를 예찬하는 내용의 포스터(1913)

책, 보건 의료 정책 등 다양한 사회 정책들이 복지 국가의 기능을 수행하는 데 통합적으로 작용하도록 구조화된다. 우리의 관점에 따르면, 이러한 체제가 곧 명실상부한 '복지 국가' 체제이다. 헤클로가 구분한 1930년대부터 1940년대까지의 정착기는 유럽의 각 국가들이 제도로서의 '복지 국가'로 출범한 시기와 일치한다. 영어권 국가인 영국에서 welfare state(복지 국가)라는 용어가 공식적으로 등장한 시기는 1941년이었으며, 제도가 구체화된 시기는 다양한 사회 보장 제도가 법률로 제정된 1944년에서 1947년 사이라고 볼 수 있다. 즉 헤클로의 표현에 의하면 영국에서는 1940년대에 복지 국가가 정착된 것이다.

확장기는 각국이 고도 성장의 기류를 타고 복지 국가를 확장시킨 시기이며, 이 기간 동안 복지 국가의 사회 보장 재정은 급속하게 팽창한다. 1940년대 중반에 2차 세계대전이 끝나고 나서 대부분의 유럽 국가들이 복지 국가 체계를 형성하게 된다. 이후 1950년대 초반에서 1960년대 후반까지 20여 년 동안 복지 국가들은 안정적인 경제 성장을 지속할 수 있었다. 자본주의 시장 경제 체제의 불안정성은 복지 국가 체제의 적극적 경제 개입을 통해 적절한 수준에서 통제되고 조정됨으로써 관리될 수 있었다. 경제의 안정적 성장은 또다시 복지 국가가 성장하고 발전하는 토대가 되어주었다. 복지 국가의 복지 활동은 많은 재원을 필요로 하는데, 경제 성장과 국민 소득의 증가가 복지 재원을 마련하는 어려움을 덜어주었다. 소득 증가에 따라 세금이 증가해도 국민이 체감하는 부담의 정도는 약화된 것이다. 복지 국가는 더 많은 복지 제도, 더 많은 복지 혜택을 제공했고, 이에 필요한 재원을 어렵지 않게 마련할 수 있었다. 국민들은 복지 혜택을 직접 체험하게 되면서 복지 제도의 필요성과 고마움을 느끼게 되었고, 더 많은 복지 관련 세금에도 기꺼이 동의했다. 1950년대와 1960년대에 대부분의 복지 국가에서 선거전의 주요 이슈는 사회 (복지) 정책과 관련된 것이었고, 보수와 진보라는 이념적 상이성에도 불구하고 대부분의 정당들이 복지 제도와 복지 혜택의 확대를 공약하지 않을 수 없는 상황이 지속되었다. 그 결과 복지 국가들의 복지 재정이 급속하게 팽창했는데, 스웨덴의 경우 국가 예산에서 복지 지출이 차지하는 비율이 1940년대에는 15퍼센트 내외였으나, 1960년대 말을 지나고 1970년대에 접어들면서 약 50퍼센트에 달하게 된다. 가히 복지 재정의 폭발적 증가라고 할 만하다. 정도의 차이는 있지만 유럽 대부분의 복지 국가들에서 이러한 경향이 나타났다. 헤클로가 말하는 복지 국가의 확장기는 복지 국가의 황금기였다.

재편기는 저성장기로의 전환에 따라 복지 팽창에 제동이 걸리면서 사회 보장 체계의 재편이 모색되기 시작한 시기이다. 복지 국가의 황금기인 1960년대까지의 지속적이고 안정적인 경제성장이 1970년대에 접어들면서 종료되었다. 복지 국가들은 복지를 확대할 수 있는 재정 여건을 더 이상 지속시킬 수 없게 되자, 증가하는 복지 수요에 대한 재편 작업을 다양한 방식으로 진행했다. 재편 방향과 내용에 대해서는 이 책의 4장 〈복지 국가의 위기, 그리고 변화〉에서 상세하게 다루도록 한다.

헤클로의 경우 1970년대 이후를 재편기로 묘사하고 있고, 그 이후의 시기에 대한 언급은 없다. 복지 국가 발전 단계에 대한 헤클로의 연구가 1980년대에 이루어졌고, 이후 최근의 연구가 발표되지 않았기 때문에 명확하게 이야기하기 어렵지만, 21세기의 10년이 지나도록 새로운 복지 국가 단계로의 진입에 대한 학계의 합의가 없다는 측면에서 헤클로의 재편기는 상당히 장기간 지속되고 있다고 볼 수 있다. 복지 국가가 준비되던 시행기가

50여 년간 지속된 것과 같이 재편기가 1970년대 이후부터 50여 년간 지속되고 있다. 곧 재편기 이후의 새로운 복지 국가 단계가 전개될 수도 있을 것이다. 새로운 복지 국가 단계는 복지 국가의 성숙기로 표현될 수 있을까? 아니면 복지 국가의 종말 단계가 될까? 현재로서는 어떤 학자도 섣불리 이야기할 수 없지만, 이 책 끝 부분의 논의에 도달하면 독자들은 개략적으로 유추해 볼 수 있을 것이다.

복지 국가의 사회 복지 제도

복지 국가를 떠받치는 주요 기둥의 하나인 사회 복지는 다양한 형태로 형성되어왔는데, 국가가 주도적 역할을 하는 복지 프로그램이 있는 반면, 민간 자선 단체가 주도적 역할을 하는 복지 프로그램도 존재한다. 사회 보장 제도들이 국가 주도 복지 프로그램인 반면, 공동 모금 활동, 복지 서비스 제공 프로그램 등은 민간 조직 중심의 복지 프로그램이라고 할 수 있다. 또 모든 국민에게 적용되는 보편주의적 복지 프로그램이 있는 반면, 빈곤층 등 국민의 일부를 선별해 적용하는 선별주의적 복지 프로그램이 있다. 이렇게 다양하고 복잡해 보이는 복지 프로그램에 대해 좀 더 체계적으로 살펴보자. 복지 제도에 대한 이해는 복지 국가를 이해하는 기초 단계이다.

사회 복지는 원래 민간의 자발적 자선 활동에서 출발했다. 장애인, 고아, 노약자 등 자립하기 어려운 불우한 이웃을 돕는 민간의 자발적인 활동이 조직화되고 체계화되면서 사회 복지 체

사회 복지는 원래 민간의 자선 활동에서 출발했다(워싱턴DC, 1937)

계가 등장한다. 이러한 민간의 자발적 활동은 항상 부족하고 불규칙적이고 단절적이라는 한계가 있으므로 국가의 역할이 점차 증가해왔고, 국가는 복지 활동의 지속성과 체계성을 증가시켜왔다. 복지 국가 체계에서 국가의 복지에 대한 역할은 극대화되었다고 볼 수 있다. 그럼에도 불구하고 여전히 민간의 역할은 남아있으며, 오늘날의 복지 국가 체계에서도 복지에 대한 국가와 민간의 역할은 적절히 분담되고 있다. 역할 분담 비율은 국가에 따라서 다양하다. 대부분의 복지 활동을 국가가 수행하는 경우가 있는 반면, 민간의 주도적 역할이 중요한 비중을 차지하는 경우도 있다. 국가의 복지 제도가 일찍부터 발달한 미국과 같은 나라에서도 여전히 민간의 복지 활동이 큰 비중을 차지하는 반면, 민간 복지 활동의 비중이 매우 낮은 스웨덴과 같은 나라도 존재한다. 그럼에도 불구하고 두 사례의 공통점은 민간의 역할과 공공(국가)의 역할이 분담되고 혼합됨으로써 그 나라의 복지 체계가 구성되고 있다는 점이다.

민간과 공공의 역할 분담이 어떤 비율로 되어 있느냐에 따라 복지 체계의 특성이 나타나며 그에 따른 장단점이 있다. 민간의 역할이 강한 나라에서는 민간의 자발성과 창의성, 유연성이 장점으로 작용하는 반면, 복지 프로그램의 지속성과 체계성, 그리고 포괄성은 떨어지는 단점이 나타난다. 민간 자원은 한계가 있다. 모든 국민을 포괄하거나 전체 지역에 대해 민간 복지 프로그램을 적용하기 어렵다. 또한 민간 단체가 사라지면 그 단체의 복지 프로그램도 사라지기 때문에 지속성을 유지하기 어렵다. 반면 국가(공공)의 역할이 강한 나라에서는 복지 프로그램이 법과 제도를 통해 집행되며 국가 재원이 복지 재원의 기초가 된다. 그러므로 지속적이고 안정적인 복지 활동이 이루어질 수 있으며, 모든 국민을 포괄하고 모든 지역을 포괄하는 보편적인 복지 프로그램을 적용하기 쉽다. 반면 창의성과 유연성은 민간 주도 활동에 비해 떨어지는 경향이 있다.

국가 주도의 복지 활동은 법과 제도를 통해 전개되므로 이를 사회 보장 제도라고 부르기도 한다. 사회 복지 프로그램이 국가

social security를 번역한 말이며, 1935년 미국에서 사회 보험 제도를 도입하기 위해 사회 보장 위원회를 조직하고 이후 제정된 법률의 명칭을 사회보장법social security act으로 확정하면서 공식적으로 등장한 용어이다. 미국은 사회 보험을 유럽의 복지 국가에 비해 매우 늦게 도입한 나라지만, 사회 보장이라는 용어는 가장 먼저 사용한 것으로 알려져 있다.

에 의해 보장된다는 의미에서, 그리고 특정 수준의 복지 급여와 지원이 보장된다는 의미에서 '사회 보장'이라는 명칭이 붙은 것으로 보인다. 사회 보장 제도를 네 가지 유형으로 나누어볼 수 있는데, 공공(공적) 부조, 사회 보험, 사회 수당, 사회 복지 서비스가 그것이다.

공공 부조

공공 부조는 과거에는 공적 부조라고 부르기도 했다. 영어의 public assistance를 번역한 말인데, public을 '공적'으로 번역했다가 나중에 '공공'으로 해석한 것이다. 우리나라 사회보장기본법에서 사용한 공식 명칭은 '공공 부조'이다. 공공 부조는 빈곤 계층에 대해 국가가 공식적으로 지원하는 내용과 절차를 규정한 제도이다. 우리나라에서 이에 해당하는 제도는 국민기초 생활보장법이다. 공공 부조 제도는 현재 빈곤한 계층, 즉 최저 생활 수준 이하에 속하는 사람들에게 생계비를 지원하거나 여타의 생활필수품과 서비스를 제공함으로써 그들이 국가가 인정한 최저 생활 수준 이상의 생활 상태를 유지할 수 있도록 돕는다. 재원은 국가의 일반 조세로 마련하며, 지원에 대해 나중에 갚거나 이자를 지불하는 등의 의무가 없는 대신, 빈곤한지 여부에 대한 조사가 따른다. 이를 자산 조사means-test라고 하는데, 소득과 재산을 조사하는 절차를 거치는 것이다. 이 과정에서 수치심과 낙인이 부여된다는 비판이 있기도 하다. 반면에 자산 조사는 복지 급여를 받기 위해 지불해야 하는 정신적 비용이므로 필요하다는 주장도 있다. 즉 공공 부조 급여를 받기 위해서는 정신적 수치심을 감수해야 하므로 가능하면 국가의 부조에 의존하지 않고 자립하려는 의지를 일깨우는 긍정적 기능이 있다는 것이다. 여하튼 공공 부조는 가난한 사람만을 선택해 복지 급여를 제공하는 제도이다. 그래서 선별주의적 복지 제도라고 부른다.

사회 보험

사회 보험 제도는 보험 방식을 이용해 위험에 대처하는 예방적 복지 프로그램이다. 앞의 공공 부조 제도가 현재 빈곤한 사람들에 대한 대응이라면 사회 보험은 장래에 예상치 못한 사회적 위험이 닥쳐 빈곤해질 때를 대비해 그런 상황에서도 정상적인 생활이 가능하도록 지원하기 위한 것으로서 빈곤을 예방한다. 그래서 사회 보험 대상자는 특별한 계층이나 집단으로 제한되지 않고 국민 전체인 경우가 일반적이며, 모든 국민에게 보편적으로 적용된다는 의미에서 사회 보험을 보편주의적 복지 제도라고 한다.

취업을 하고 소득이 발생하는 모든 성인은 사회 보험에 가입

개인의 선택에 맡기지 않고 강제적으로 사회 보험을 적용하는 것은 위험 분산 효과를 극대화하고 부유한 계층으로부터 낮은 소득 계층으로 소득을 재분배하는 효과를 얻기 위함이다.

해 소득의 일정액 혹은 일정 비율을 사회 보험금으로 납부해야 한다. 사회 보험 가입은 일반 상업 보험과 달리 강제적이다. 개인의 필요에 따라 선택적으로 가입할 수 있는 것이 아니라 국가가 제정한 사회 보험 관련법에 따라 강제적으로 가입해야 한다. 보험료와 보험 급여 수준도 개인이 선택하는 것이 아니라 사회 보험 제도의 취지와 사회적 합의에 따라 미리 법으로 정해져 있다. 예컨대 실업의 위험에 대비하는 실업 보험의 보험료가 소득의 2퍼센트로 정해지고, 실업 급여 액수는 퇴직 직전 소득의 50퍼센트로 정해지는 경우, 월 100만 원 소득자는 월 2만 원의 보험료를 내고, 그 회사를 그만두어 실업자가 되었을 때 월 50만 원의 실업 급여를 받게 된다. 이와 같이 개인의 선택에 맡기지 않고 강제적으로 보험을 적용하는 것은 위험 분산 효과를 극대화하고 부유한 계층으로부터 낮은 소득 계층으로 소득을 재분배하는 효과를 얻기 위함이다. 많은 가입자가 소액을 갹출하는 보험 방식으로 많은 재원을 확보해야 위험 발생의 확률을 떨어뜨리고 보험 수급자에게 많은 급여를 제공할 수 있다. 부유한 계층의 경우 비축해놓은 재산이 있기 때문에 구태여 보험에 가입해 위험을 대비할 필요성이 없을 것이다. 그러나 부유층은 소득이 높기 때문에 같은 비율의 보험료를 갹출하더라도 그들이 담당하는 절대 액수는 높다. 예컨대 100만 원 소득자에게 2퍼센트는 2만 원이지만, 2,000만 원 소득자에게 2퍼센트는 40만 원이

사회 보험의 재분배 효과

사회 보험 제도의 재분배 효과는 수직적 재분배와 수평적 재분배로 나누어 살펴볼 수 있다. 수직적 재분배는 소득이 높은 계층과 소득이 낮은 계층 간의 재분배를, 수평적 재분배는 동일한 소득 계층 내부에서 일어나는 재분배를 의미한다. 예컨대 사회 보험을 통해 같은 소득 계층 안에서 건강한 사람이 낸 돈으로 건강하지 못한 사람이 치료를 받게 되거나 젊은이가 낸 돈으로 노인들이 연금을 받게 되면 수평적 재분배가 일어나는 것이다. 본문에서는 이러한 수평적 재분배에 대한 논의를 생략하고 소득이 높은 계층에서 소득이 낮은 계층으로 재분배되는 수직적 재분배 효과를 위주로 논의를 전개했다.

다. 그런데 보험 혜택은 동일하게 적용된다. 예컨대 건강 보험의 경우, 보험료로 월 40만 원을 낸 사람이나 월 2만 원을 낸 사람이나 모두 동일한 질병으로 병원에 입원하면 동일한 의료 서비스를 제공받는다. 그래서 사회 보험의 재분배 효과를 얻을 수 있는데, 만일 강제 가입이 아니라면 부유한 계층은 보험에서 빠져나가고 보험료 납부 능력이 떨어지는 계층만 남게 되어 재분배 효과가 있는 사회 보험 제도는 불가능하게 된다. 게다가 재원이 부족해 적절한 수준의 보험 급여를 제공하지 못할 수도 있다. 이러한 특성 때문에 사회 보험은 강제 가입을 원칙으로 하며, 보험료와 보험 급여의 수준도 제도의 목적에 따라 법으로 미리 정한다. 법은 국민의 대표자들의 모임인 의회에서 다수결로 결정된다는 점에서 사회적 합의를 거친 것으로 해석된다. 어떤 위험을 사회 보험에 포함시킬 것인가, 어느 정도의 재분배 효과를 목표로 할 것인가 등은 사회 보험 제도와 관련해 합의해야 할 중요 사안들이다. 가능한 한 많은 사회적 위험을 사회 보험 대상으로 포함하는 나라가 있는 반면, 최소한의 위험만을 사회 보험 대상으로 제한하는 나라도 있다.

사회 보험은 위험의 종류에 따라 구분되기도 하고 어떤 나라에서는 하나의 보험으로 모든 위험을 보장하기도 한다. 즉, 질병의 위험에 대처하는 의료 보험, 실업의 위험에 대처하는 실업 보험, 산업 재해에 대처하는 산재 보험, 퇴직에 대비하는 연금 보

일자리를 찾고 있는 실업자(멕시코시티). 실업의 위험에 대비하는 실업 보험을 비롯한 사회 보험은 강제로 보험을 적용해 위험 분산 효과를 극대화하고 부유한 계층으로부터 낮은 소득 계층으로 소득을 재분배하는 효과가 있다

사회 보험 대상자는 특별한 계층이나 집단으로 제한되지 않고 국민 전체인 경우가 일반적이며, 모든 국민에게 보편적으로 적용된다는 의미에서 사회 보험을 보편주의적 복지 제도라고 한다.

사회 보험의 재분배 효과는 보험 요율과 급여율의 차이가 저소득 계층과 고소득 계층 간에 어느 정도로 나타나는가와 보험 재원에 일반 조세가 어느 정도 투입되는가에 따라 결정된다고 볼 수 있다.

험 등을 구분하기도 하고, 여러 위험을 묶어서 하나의 보험 제도로써 다루거나 비슷한 두 개의 제도를 하나로 묶기도 한다. 영국의 경우 국민 보험 제도를 통해서 질병, 실업, 퇴직 등에 대한 급여를 제공한다. 산재 보험과 연금 보험을 하나의 제도로 묶는 나라도 있다. 어떤 형태로 제도화하더라도 대부분의 복지 국가들의 공통점은 네 가지 사회적 위험(실업, 질병, 재해, 퇴직)에 대해 사회 보험 방식의 대처를 하고 있다는 것이다. 우리나라에도 이네 가지 사회 보험이 법률을 통해 제도화되어 있는데, 의료 보험 제도는 건강보험법, 실업 보험 제도는 고용보험법, 퇴직 연금 보험 제도는 국민연금법, 산재 보험 제도는 산업재해보상보험법이라는 명칭으로 존재한다.

사회 보험의 재분배 효과를 어느 정도로 할 것인가의 문제도 제도적 특성을 결정하는 중요 사항이다. 나라마다 국민들의 이념적 성향이 달라서 미국같이 자유주의 성향이 강한 나라가 있는 반면에 스웨덴같이 평등주의 성향이 강한 나라가 있는데, 이러한 이념적 성향에 따라 각국은 재분배 효과가 상이한 사회 보험 제도들을 만들어왔다. 예컨대 개인의 능력에 따라 성과가 보장되어야 하며, 사회 보험은 위험에 대한 대비일 뿐 굳이 재분배 효과를 꾀할 필요가 있느냐고 생각할 수 있다. 이러한 경향이 강한 나라에서 사회 보험은 가능하면 개인의 능력을 반영하는 방식으로, 즉 능력에 따라(소득에 비례하여) 보험료를 내고 보험금에 비례하여 보험 급여를 받도록 해 능력과 부담에 따른 형평성을 보장하는 방식으로 형성된다. 이런 경우 당연히 재분배 효과는 낮아진다. 이에 반해 재분배 효과를 강조하는 사회 보험 제도가 형성되기도 하는데, 이런 경우 사람들은 사회적 약자를 보호해야 하며, 자본주의 사회에서 부의 불평등은 개인의 능력과 노력을 넘어서는 범위에서 발생하기 때문에 사회 보험과 같이 위험을 대비하는 제도를 만들 때 저소득 계층에게는 보험료 부담을 낮추고 고소득 계층에게는 보험료 부담을 높여 사회 전체의 형평성을 높이는 것이 더 바람직하다고 생각할 수 있다. 이런 사회에서는 사회 보험의 재분배 효과가 높은 형태로 제도를 설계하게 된다.

사회 보험에서 재분배 효과는 간단하게 말하자면, 보험료 대비 받는 급여액의 비율의 소득 계층 간 차이로 나타낼 수 있다. 사회 보험 제도는 저소득층은 적게 내고 많이 받고, 고소득층은 많이 내고 적게 받는 구조로 설계된다. 그런데 이러한 구조는 상대적 개념이지 절대적 개념이 아니다. 예컨대 고소득층의 실업 급여가 저소득층의 실업 급여보다 절대 액수에 있어서 낮다는 의미가 아니라 보험금을 낸 액수에 비해 상대적으로 낮다는 의미이다. 그래서 재분배 효과에 대한 계산은 훨씬 복잡해진다. 사회 보험의 경우 필요한 재원 모두를 사회 보험 보험료로 충당하지 못하고 부족한 재원을 일반 조세로부터 투입받는 경향이 있어 재분배 효과를 평가하는 데 어려움이 더욱 가중된다. 가장 낮은 소득의 사람들도 사회 보험에 가입할 수 있도록 보험료를 낮추어야 하는 반면, 적절한 생활 수준을 유지할 수 있도록 상대적으로(요금 대비) 높은 급여를 제공해야 하기 때문에 사회 보험의 재원은 항상 부족해지는 경향이 있다. 사회 보험은 정부가 법을 통해 강제로 적용하는 제도이므로 부족한 재원은 정부의 일반 재원인 세금으로 충당할 수밖에 없다. 일반 세금은 저소득 계층에게는 낮은 세율을 적용하고 부유한 계층에게는 높은 세율을 적용하는 누진 세율 방식이므로, 사회 보험 재원에 일반 조세가 투입되는 비율이 높은 경우 재분배 효과는 더욱 확대된다.

요약하자면, 사회 보험의 재분배 효과는 보험 요율과 급여율의 차이가 저소득 계층과 고소득 계층 간에 어느 정도로 나타나는가와 보험 재원에 일반 조세가 어느 정도 투입되는가에 따라 결정된다고 볼 수 있다.

사회 수당

다음으로 사회 보장 제도의 세 번째 유형인 사회 수당에 대해 살펴보자. 사회 수당 형태의 복지 제도로는 아동 수당, 노인 수당, 장애인 수당 등이 있다. 이러한 유형의 복지 제도는 가난한 사람인지 아닌지를 구분해 지원하는 공공 부조와 달리 특정한 인구 범주에 해당하는 사람에게는 무료 급여를 제공한다. 무료 급여란 사회 보험과 같이 보험료를 미리 납부할 의무가 없다는 의미이다. 즉 사회 보험료 납부 실적이 없어도, 빈곤하다는 증명이 없어도 특정 인구 범주에 속한다는 이유만으로 급여를 제공하는 것이 바로 사회 수당 제도이다.

아동 수당은 특정 연령 이하, 예컨대 15세 이하의 아동에게 소정의 금액을 급여하는 제도이다. 가난한 집안의 아동이든 부유한 집안의 아동이든 구분하지 않고 지급해야 비로소 보편적 의미의 사회 수당 제도로 인정된다. 이러한 사회 수당 제도가 등장한 배경에는 빈곤 여부를 조사하는 과정에서 발생하는 부정적 낙인 효과, 소위 스티그마 문제를 제거하려는 목적이 있다. 성장기의 환경은 매우 중요하며, 정신적으로 미성숙 상태에 있는 아동이 낙인을 의식할 경우 정상적인 아동 발달에 매우 부정적인 영향이 미칠 수 있으므로, 아동을 지원하는 제도에서는 세심한 배려가 필요하다. 가난한 아동과 부유한 아동을 구분하지 않고 아동 수당을 보편적으로 제공하는 이유가 여기에 있다. 최근 우리나라에서 논란이 된 학교 무료 급식 문제도 이러한 측면과 직접 관련되어 있다. 가정 형편이 어려운 아동에게 한정해 학교 급식을 무료로 제공해야 한다는 주장이 있는 반면, 빈부에 상관없이 모든 아동에게 무료 급식을 해야 한다는 주장이 있다. 그런데 부유한 가정의 아동에게까지 무료로 급식을 제공하는 것은 재원

줄무늬 옷을 입은 죄
수들(유타, 1885년경).
구별되는 옷이 낙인
효과를 불러오듯이 어
떤 방식의 사회 보장
제도를 적용하느냐에
따라 수혜자에게 부
정적 영향을 미칠 수
있다

낭비라는 주장은 하나만 생각하고 둘은 고려하지 못하는 근시
안적 것일 수 있다. 가난한 가정의 아동을 배려하는 진정한 복지
는 수혜 당사자가 도움을 받는다는 느낌 없이 당연한 권리로서
복지를 향유할 수 있도록 해야 한다. 이러한 유형의 복지 제도
가 사회 수당이다. 아동 수당은 아동이 정상적으로 성장하는 데
필요한 비용을 사회가 부담하는 것이며, 이 비용을 현금으로 지
급한다. 모든 아동에게 차별 없이 무료 급식을 제공하게 될 경우
이 제도는, 현금 지급이 아니라 일종의 급식 서비스이므로 사회
수당 방식의 사회 서비스라고 할 수 있겠다.

　사회 수당 방식의 노인 수당은 모든 노인에게 소정의 생활비
를 지급하는 것이다. 예컨대 65세 이상 혹은 70세 이상 모든 노

사회 수당은 수혜자가 빈곤한 자로 한정되지 않기 때문에 재원 확보에 어려움이 있지만, 혜택을 사회 구성원으로서의 당연한 권리로 누리게 한다는 점에서 가장 권리성이 높은 사회 보장 프로그램이다.

인에게 빈곤의 여부를 가리지 않고, 사회 보험 납입 실적도 따지지 않고 일정액의 현금을 지급하는 것이다. 마찬가지로 빈곤 여부와 사회 보험 납입 실적에 상관없이 장애인에게 생계비를 제공하는 제도가 장애 수당이다. 이러한 사회 수당은 수혜자가 빈곤한 대상자로 한정되지 않기 때문에 재원 확보에 현실적인 어

학교 무료 급식을 공공 부조 방식으로 제공할 경우 수혜자에게 정신적 낙인 효과를 줄 수 있다

려움이 있지만, 혜택을 사회 구성원으로서의 당연한 권리로 누리게 한다는 점에서 사회 보장 제도 중에서 가장 권리성이 높은 프로그램이다. 보편주의 방식의 성격을 띠지만 특정한 인구 집단으로 한정해 실시되는 경향이 있다. 장애인, 노인, 아동은 사회적 약자이므로 매우 특별한 배려가 필요하다는 사회적 합의가 이루어진 국가들이 대체로 이러한 프로그램을 실시한다.

사회 복지 서비스

사회 보장 제도의 마지막 유형으로 사회 (복지) 서비스가 있다. 앞의 세 유형은 현금 형태로 소득을 지원하는 제도인 데 반하여 사회 복지 서비스는 말 그대로 현금이 아닌 서비스 형태의 지원이 이루어지는 모든 사회 복지 제도를 통칭한다. 서비스를 제공하는 것은 현금을 지원하는 것과 거의 유사한 효과가 있다. 자본

복지 서비스의 고도화

사회 복지 서비스는 전문가에 의한 전문 서비스라는 주장과 봉사 정신과 보편적 지식으로 충분하므로 일반 서비스라는 주장이 있다. 미국에서는 복지 제도보다 전문 복지 서비스가 발달했고, 관련 지식이 대학원 과정에서 전수되고 있다. 이런 서비스를 제공하는 전문가를 미국에서는 사회사업가social worker라고 한다.

주의 사회에서 필요한 서비스는 시장에서 매매되기 때문이다. 사회가 무료로 서비스를 제공하지 않으면 그것을 현금을 지불하고 구매해야 한다. 의료 서비스, 심리 상담 서비스, 교육 서비스, 간병 서비스, 보육 서비스, 장애인 재활 서비스 등이 그러한 예이다. 이러한 서비스를 사회가 무료로 혹은 저렴하게 공급하는 것을 사회 (복지) 서비스라고 규정하는 것이다. 국가가 사회 복지 서비스를 제공하는 방식은 다양하다. 현금으로 서비스를 간접 지원할 수도 있고, 서비스를 이용할 수 있는 증서를 제공할 수도 있으며, 직접 서비스를 제공할 수도 있다. 과거의 복지 국가에서는 복지 서비스를 국가가 직접 제공하는 방식을 선호했는데, 최근에는 서비스는 민간에서 제공하고 그 비용은 국가가 지원하는 방식으로 바뀌는 경향이 있으며, 특히 최근에는 서비스 이용 증서를 제공하는 방식이 활발하게 적용되고 있다. 이러한 증서 방식을 바우처voucher 방식이라고 부르기도 한다.

현금 제공을 중심으로 하는 소득 보장 복지 제도에서는 재분배 효과와 형평성 등을 어떻게 제도 속에 반영할 것인가를 중요한 요소로 다룬다. 사회 복지 서비스 분야에서는 서비스 분배의 문제도 중요하지만, 복지 서비스를 어떻게 고도화할 것인가와 같은, 전문적 기술과 기법 등을 개발하고 교육하는 문제도 중요하다. 복지 서비스와 제도들을 연결시키고 직접 서비스를 제공하는 등의 역할을 담당하는 사람들을 사회 복지사라고 한다. 물론 사회 복지사들이 앞에서 언급한 모든 사회 서비스를 직접 제공하는 것은 아니다. 재활 치료사, 상담가, 간병인, 의사 등 분야에 따라 서비스를 제공하는 전문가 혹은 활동가들이 존재한다. 사회 복지사들이 이러한 서비스를 연결하는 경우가 많으며, 특히 빈곤 계층 등의 사회적 약자들이 사회 서비스를 무료로 이용할 때 사회 복지사들의 도움을 받는 것이 일반적이다.

이상과 같은 네 유형의 사회 복지 제도들이 혼합되어 특정 국가의 특정한 복지 체계를 구성하게 되는데, 복지 국가에서는 이러한 복지 체계를 결정하는 사회 복지 정책이 여러 가지 국가 활동 중에서 가장 중요한 것으로 자리 잡게 되었다. 그리고 사회 복지 체계가 어떻게 구조화되어 있는가에 따라 복지 국가의 성격과 특성이 상이하게 나타나기도 한다.

공공 부조 제도는 빈곤한 계층에 한정해 급여를 제공한다. 그러므로 제한된 재원으로 가장 도움이 필요한 사람들을 집중적으로 지원할 수 있다는 장점이 있다. 비용 대비 효과의 측면에서 가장 효율적인 제도라고 평가할 수도 있다. 그러나 빈곤 여부를 조사하는 과정에서 심리적 낙인, 즉 부정적 스티그마를 부여하고, 도움을 받는 계층과 도움을 주는 계층을 분리함으로써 사회 통합에 부정적 효과를 미친다는 단점이 있기도 하다. 영국에서 베버리지가 빈곤 해소의 가장 중요한

사회 복지는 가난이나 노숙 같은 문제를 개선하는 것을 포함한다. 지오 니덤, 《부랑자와 빈민가 소년》 (1884)

사회 보험의 경우 기여에 대한 권리로 급여권이 인정되는 반면, 사회 수당은 그 나라 국민이라는 사실만으로 급여를 받을 권리가 인정된다.

도구로 사회 보험 제도를 사용해야 한다고 주장한 이면에는 공공 부조의 비인간적인 측면과 그 부정적 효과에 대한 인식이 깔려 있었다. 공공 부조 제도는 사회 통합을 위한 사회 보장 제도로 적절하지 못하며, 궁극적으로는 사라져야 할 제도라는 것이 베버리지의 생각이었지만, 아이러니하게도 공공 부조는 지금까지도 여전히 영국에서 중요한 제도로 존재하고 있다. 여하튼 이러한 문제점으로 인해 공공 부조의 경우 권리성이 매우 취약하다는 약점이 있다.

사회 보험과 사회 수당은 그 대상을 빈곤 계층으로 한정하지 않는다는 점에서 보편성을 띤다. 권리성의 측면에서 사회 수당은 사회권의 완성에 가장 가깝다. 사회 보험의 경우 기여에 대한 권리로 급여권이 인정되는 반면, 사회 수당은 그 나라 국민이라는 사실만으로 급여를 받을 권리가 인정된다. 그러나 사회 수당은 막대한 재원이 소요된다는 측면에서 어려움이 있다. 모든 노인에게 혹은 모든 아동에게 혹은 모든 장애인에게 차별 없이 급여를 제공하는 일은 막대한 세금을 필요로 한다. 평등주의적 이데올로기가 확산되어 있는 사회가 아니면 제도 시행이 어려운 이유가 여기에 있다. 사회 통합의 측면에서 사회 수당의 효과는 매우 크다고 할 수 있다. 사회 보험은 권리성과 사회 통합 효과 등에서 공공 부조와 사회 수당의 중간 정도에 해당한다. 즉 사회 수당 제도보다는 낮지만, 공공 부조보다는 높다. 사회 보험은 재원의 상당 부분을 보험료로 충당하기 때문에 재원 마련이 상대적으로 쉬운데다 사회 통합성과 권리성이 공공 부조보다 높아 복지 국가의 복지 제도로 가장 많이 활용되는 방법이다. 대상자의 규모의 측면에서나, 제도 전체 재원의 규모의 측면에서나, 전체 급여 액수의 측면에서나 사회 보험은 복지 국가에서 가장 주도적인 제도라고 할 수 있다.

현실에서는 이러한 고유한 특성을 지닌 복지 제도들이 혼합되어 복지 국가 체계를 구성하고 있는데, 어떤 제도의 비중이 더 큰가, 어떤 제도가 상대적으로 더 중요한 역할을 수행하는가 등에 따라 복지 국가의 특성이 상이하게 나타난다.

공공 부조가 중심적 역할을 하는 나라가 있는 반면, 사회 보험이 가장 중추적인 역할을 하는 나라도 있으며, 현금 급여 제도보다 사회 (복지) 서비스가 더 중요한 복지 체계로 작동하는 나라도 있다. 물론 네 가지 유형의 복지 제도, 즉 공공 부조, 사회 보험, 사회 수당, 사회 복지 서비스가 혼합되는 가운데 상대적으로 그러하다는 이야기이다. 또 동일한 유형의 복지 제도가 나라마다 다른 성향을 띠기도 한다. 예컨대 동일한 사회 보험 위주의 복지 체계라고 할지라도 개인의 능력을 그대로 인정하는 유형의 사회 보험, 즉 재분배 효과가 낮은 복지 체계를 구축하는 나라도 있고, 개인의 능력보다는 사회적 약자를 더 배려하는 사회 보험, 즉 재분배 효과를 극대화하는 복지 체계를 구축하는 나라도 있다. 공공 부조 위주의 복지 체계를 선별주의 성향이 강한 복지 국가 체계라고 규정하고, 사회 보험 위주의 복지 체계를 보편주의 성향이 강한 복지 국가 체계라고 규정하기도 한다. 같은 복지 국가라는 명칭을 사용하더라도 상당히 다른 유형으로 분류될 수 있는 것이다. 즉 복지 국가라고 해서 다 똑같지 않다는 말이다.

복지 국가의 유형

우리는 앞에서 영국과 스웨덴에서 복지 국가가 출범하는 서로 다른 과정을 살펴보았다. 시기도 달랐고, 과정도 달랐으며, 추구하는 최종 목표도 달랐다. 그러한 차이가 나타나는 것은 두 나라의 문화와 역사적 맥락, 이념적 배경이 상이하다는 측면에서 당연한 현상이기도 하다. 차이를 유발하는 다양한 요소가 있겠지만, 복지 국가의 형성과 관련된 핵심 요소들을 몇 가지로 한정해 논의할 수 있다. 앞에서 복지 국가의 출현에 중요하게 작용하는 요소로 노동자 계급의 정치적 역량과 계급 간의 역학 관계 등을 언급한 바 있다. 노동조합의 단결력, 그리고 노동자 계급의 이익을 대변하는 정당의 정치적 힘 등이 복지 국가를 형성하는 정치의 장에서 이념적 지형을 만들었고, 선거와 정치 과정을 통해 특정 유형의 복지 제도들이 구조화된 복지 국가가 형성되었다.

스웨덴에서는 강력한 노조의 힘과 노조 조직률을 바탕으로 노동자를 대변하는 사민당이 일찍부터 의회의 다수당으로 진출했고, 1930년대 초반 이후 사민당이 지속적으로 집권하는 독특한 정치적, 이념적 지형이 만들어졌다. 이처럼 사민주의 정당에 대한 강력한 지지 속에서 스웨덴은 노동자 계급의 이해를 많이 반영하는 사민주의 유형의 복지 국가를 건설하게 된다. 노동 시장에 대한 국가의 개입도 적극적으로 전개되었고, 노동 시장에서 임금의 차이를 줄여나가는 연대 임금 방식도 노사정 합의 체제를 통해 실행할 수 있었다. 적극적 노동 시장 정책과 임금 격차가 적은 노동 시장은 스웨덴 복지 국가의 중요한 특성이었다. 사민주의적 이념 성향은 복지 국가의 목표를 단순한 빈곤 해소가 아니라 국가 전체의 불평등 해소에 두었다. 그래서 빈곤층만을 대상으로 하는 선별주의 방식의 제도가 사회 복지 체계에서 차지하는 비중이 상대적으로 낮고, 국민 전체를 포괄하는 보편주의 방식의 제도가 지배적인 복지 체계를 구축하게 된다. 그래서 스웨덴에서는 권리성이 높은 사회 보험과 사회 수당이 주요한 복지 제도로 구축되고, 사회 보험의 경우에도 보험료 납부 실적에 의거하기보다는 재분배 효과가 높은 방식으로 제도가 구성되었다.

영국에서도 일찍부터 노동조합이 결성되었고 노동 계급의 이익을 대변하는 정당인 노동당의 의회 진출도 빠른 시기에 이루어졌다. 그러나 스웨덴에 비해 영국에서는 노동자 계급의 정치적 역량이 떨어지는 것으로 평가된다. 이는 단순히 노동자 계급

영국의 복지 국가 실현

1945년 총선거에서 베버리지 보고서 내용을 실천할 정당으로 노동당이 선택되었지만, 이후 1951년 선거에서 보수당이 집권하면서 영국은 보수당 주도의 사회 복지 정책을 실시하게 된다. 복지 국가의 황금기라고 할 수 있는 1960년대와 1970년대 그리고 위기의 시기인 1980년대까지 노동당과 보수당은 교대로 정권을 담당했지만, 보수당의 집권 기간이 훨씬 더 길다.

의 역량의 문제라기보다는 그 나라의 고유한 정치적 성향과 이데올로기의 특성에서 비롯된 문제라고 할 수 있다. 노동당이 다수당이 되어 집권당의 지위에 이르기까지는 상당한 시간이 소요되었는데, 스웨덴 사민당은 1920년대에 이미 집권을 경험했지만, 영국 노동당은 복지 국가가 출범하는 1945

스웨덴 국회의 내부. 스웨덴에서는 1930년 대 이후 사민당이 지속적으로 집권하면서 복지 국가의 기틀을 마련했다

년에 처음으로 다수당으로 집권하게 된다. 그리고 이후에도 노동당이 지속적으로 집권하는 것이 아니라 보수당과 노동당이 권력을 주고받는 시소게임을 벌이게 된다. 영국 노동당은 항상 권력을 내어줄 준비를 해야 했고, 정치적 파트너인 보수당과 타협할 준비를 해야 했다. 그래서 영국의 경우 노동당 중심의 복지 국가를 실현했다기보다는 노동당이 보수당과 함께 복지 국가를 만들었다고 표현하는 것이 적절해 보인다. 스웨덴과 같이 사민주의 주도의 복지 국가를 형성하기에는 영국의 정치 지형과 이념적 토양이 적절하지 않았다. 영국은 베버리지 보고서를 토대로 복지 국가를 형성할 당시 무료 의료 서비스(NHS), 아동 수당과 같은 평등주의적 제도를 만들 수 있었으나, 이후 노동당이 보수당과 타협하는 과정에서 선별주의적 복지 제도의 비중을 상대적으로 증대시킬 수밖에 없었다. 보편주의 방식의 사회 보험에

영국 의회가 있는 웨스트민스터. 영국에서는 노동당과 보수당이 함께 복지 국가를 설계했다

서도 보험료 납부 능력에 따른 복지 급여의 비중이 상대적으로 높아졌고, 따라서 사회 보험의 재분배 효과도 처음과 달리 낮아져갔다. 노동 시장에 대한 적극적인 개입도 상대적으로 약화되었고, 스웨덴과 달리 임금 격차를 축소하는 전략은 상상하기 힘들었다. 스웨덴과의 가장 큰 차이점은, 앞에서도 언급했듯이 복지 국가 출범의 목표가 불평등 해소가 아니라 빈곤 해소라는 점이었다. 빈곤은 극단적인 불평등의 결과로 가난해서 살기 힘든 상태를 의미한다. 즉 극단적인 불평등은 제거하되 적당한 불평등은 존재하는 상태가 영국 복지 국가가 추구하는 목표이다. 그러므로 복지 국가를 구성하는 정책과 제도들의 특성에 있어서 영국은 스웨덴과 구별될 수밖에 없었다.

영국 복지 국가는 미국과 상당히 다름에도 불구하고 나중에 신자유주의적 전략을 채택한 탓에 자유주의 복지 국가 유형으로 분류되기도 한다. 신자유주의에 관해서는 다음의 4장에서 더 자

조합주의corporatism

국가에서 사회 구성원들이 이익을 표출하고 관철시키는 방식에는 여러 가지 유형이 있는데 조합주의는 그러한 이익 대표 체계의 한 유형이다. 중세의 길드에서 비롯된 기능적 단체인 '조합'에 구조적 근원을 두고 있다. 사회의 구조적 특성에 따라 다양한 이익 집단으로 다극화된 체제를 다원주의라고 하고 노동자 계급과 자본가 계급으로 양극화된 체제를 계급주의라고 한다. 조합주의는 그 양자의 중간 정도에 해당되는데, 국가가 승인하거나 허가한 제한된 수의 조합들이 구성되고 이들이 구성원들의 이익을 대표해 상호 합의하는 방식으로 사회 구성원의 이익이 표출되고 관철되는 구조이다.

세하게 다룰 것이지만, 미국과 영국은 1980년대 이후 복지 체제에 대한 변화 전략을 비슷한 맥락에서 펼쳤고, 이러한 경향의 동일성으로 인해 동일한 복지 국가 유형으로 분류되기도 하는데, 영국을 복지 후진국인 미국과 동일한 유형으로 분류하는 것은 적절하지 못하다는 비판이 존재하는 것 또한 사실이다.

이상과 같이 복지 국가를 몇 가지 유형으로 분류하는 것은 과대 단순화의 오류가 있지만, 유형 분류가 지니는 장점으로 인하여 많은 학자들이 그러한 연구를 진행했다. 다음 장에서 설명할 복지 국가의 위기의 시기인 1980년대를 거치면서 복지 국가 유형을 분류하는 연구가 많이 나타났는데, 이는 복지 국가 위기를 극복하고 변화하는 환경에서 어떤 복지 국가 유형이 더 잘 적응할 수 있는가를 파악하기 위함이었다. 복지 국가의 유형별 특성과 적응 전략을 분류하고 각각의 특성이 지니는 장단점을 평가해봄으로써 미래의 복지 국가가 나아갈 방향을 예측하고자 한 것이다.

다양한 학자들이 다양한 방법으로, 서로 다른 명칭의 유형들로 복지 국가를 구분했는데 대체로 세 가지 유형으로 구분하는 경향이 있다. 스웨덴의 사회정책학자인 에스핑 안데르센Esping-Andersen의 복지 국가 유형 구분은 그러한 연구들 중 하나이다. 그의 분류에 따르면 복지 국가는 '자유주의적' 복지 국가, '조합주의적' 복지 국가, '사회 민주적' 복지 국가로 구분된다. 조합주의

에스핑 안데르센의 탈상품화 지수

복지 국가의 주요 복지 프로그램인 국민 연금, 질병 보험, 실업 보험에 대해 다음의 다섯 가지 요소를 측정해 점수를 부여했다.

① 최저 급여액의 평균 근로자 임금에 대한 비율
② 평균 급여액의 평균 근로자 임금에 대한 비율
③ 급여를 받을 수 있는 자격 조건(보험료 납입 연수)
④ 전체 프로그램 재원에서 수급자가 지불하는 비율
⑤ 실제 수급을 받는 사람들의 비율

적 복지 국가는 (기독교)보수주의적 복지 국가라고 부르기도 한다. 그의 구분 기준은 탈상품화와 사회 계층 체제의 형태였다.

에스핑 안데르센의 관심은 복지 국가에서 생활하는 사람들이 시장 체계로부터 얼마나 자유로운가를 평가하는 데 있었으며, 그는 시장 질서에 의존하지 않고 생활에 필요한 물품들을 소비할 수 있는 범위가 넓다면 그만큼 발전된 복지 국가 체제라고 평가할 수 있다고 주장했다. 이러한 생각을 그는 '탈상품화'라는 개념으로 정리했다. 자본주의 사회에서 우리는 필요한 모든 물품을 시장에서 구매한다. 그래서 이를 상품이라고 한다. 만일 사회 복지가 없다면 모든 개인의 복지는 시장의 상품을 구매하고 이를 소비함으로써 달성된다. 사회 복지는 이러한 시장 의존적 소비에서 벗어나 탈상품화를 어떻게 달성할 것인가의 문제이기도 하다. 에스핑 안데르센에 따르면 복지 국가의 유형에 따라 탈상품화의 정도가 달라지며, 이는 거꾸로 탈상품화의 정도에 따라 복지 국가 유형을 구분함으로써 복지 국가들 간에 존재하는 본질적인 차이를 포착할 수 있다는 얘기가 된다. 즉 복지 국가들의 질적 차이를 규명하고 더 발달된 복지 국가와 덜 발달된 복지 국가를 구분할 수 있다면, 앞으로 복지 국가가 나아갈 방향과 올바른 복지 국가 전략을 알 수 있게 되는 것이다.

탈상품화의 정도에 따라 복지 국가를 분류하고 그 유형과 사회 계층 체제의 형태를 비교함으로써 세 가지 유형의 복지 국가 자본주의 사회에서는 필요한 모든 물품을 시장에서 구매한다. 만일 사회 복지가 없다면 모든 개인의 복지는 시장의 상품을 구매하고 이를 소비함으로써 달성된다. 사회 복지는 이러한 시장 의존적 소비에서 벗어나 탈상품화를 어떻게 달성할 것인가의 문제이기도 하다.

명칭이 정해졌다.

자유주의적 복지 국가는 탈상품화 정도가 가장 낮고, 사회 계층 체제가 다차원적 유형으로 분화된 사회에서 나타나는 복지 국가 유형이다. 영미권 국가들이 이러한 복지 국가 유형으로 분류된다. 앞에서 영국 복지 국가의 특성을 말하며 약간 언급했지만, 자유주의 복지 국가에서는 소득 조사에 의한 공공 부조 프로그램이 상대적으로 중시된다. 그래서 복지 급여 대상의 초점을 빈곤층과 저소득층에 맞추는 경향이 있다. 이러한 상황에서 사회 복지의 확대는 전통적인 자유주의적 노동 윤리 규범의 제약을 받는다. 복지 급여는 노동 의욕을 떨어뜨리지 않는 수준에서 제공되어야 하며, 일과 복지는 상충 관계에 놓이게 된다. 일을 하지 않으면 벌을 받는 형식으로 복지 급여를 받아야 하므로, 대상자의 자격 기준을 엄격하게 하고 까다롭게 하여 복지 급여를 받는 과정에서 치욕을 느끼게 한다. 국가 복지는 가급적 최소화되어야 하고 민간의 자발적 참여를 통해 이루어지는 민간 복지와 기업 복지는 장려된다.

조합주의적(보수주의적) 복지 국가는 탈상품화 정도가 세 가지 유형의 복지 국가들 중 중간 수준으로 평가된다. 자유주의적 복지 국가보다 탈상품화 정도가 높은 반면 사회 민주적 복지 국가에 비해 탈상품화 정도가 낮다. 독일, 프랑스, 이탈리아 등 유럽 대륙 국가들이 이러한 유형의 복지 국가에 속한다. 독일에서 사회 보험이 출현한 과정을 보면, 당시 수상 비스마르크의 주도로 사회보험법이 만들어졌는데, 이러한 정책의 동기는 평등주의와는 거리가 있었다. 비스마르크는 귀족 출신의 엘리트였으며, 그의 관심은 노동자 계급의 사회주의 위험과 자본가 계급의 자유(방임)주의 위험을 극복하고 사회 안정을 유지할 수 있는 강력한 국가를 건설하는 데 있었다. 그는 국가 주도의 복지 제도를 통해 노동자를 회유하고, 도덕적 훈육과 질서를 유지하고자 했다. 이와 같이 복지 정책을 둘러싼 정치 지형이 권위주의적이고 국가주의적이며 또 조합주의적인 특성을 보이는데, 이러한 특성은 이후에도 기독교 민주당(기민당) 주도의 복지 정책을 통해 면면히 이어지는 것으로 평가된다. 다른 지역의 대부분의 복지 국가들은 사회 민주주의 또는 자유주의 좌파(진보적 자유주의, 예컨대 영국의 베버리지의 이념적 성향)에 의해 건설되었지만, 전후 유럽 대륙에서는 우파 또는 중도 우파 연합에 의해서, 특별히 독일의 경우 기독교 민주당에 의해서 복지 국가 정착이 주도되었다.

조합주의적 복지 국가의 주요한 특징은 사회 보험 중심의 복지 체계라는 점이다. 자유주의적 복지 국가는 공공 부조 중심의 선별주의 유형이어서 탈상품화 정도가 낮은 것으로 평가되었는데 조합주의적 복지 국가는 사회 보험 중심의 보편주의 유형이라 할 수 있다. 탈상품화의 정도도 자유주의 모형에 비해 높다. 그런데 사회 보험 제도는 시장 경제에서의 성과와 지위를 그대

남성-가족 부양자/여성-보호 제공자 가족 모델

전통적인 가족에서는 남성이 가부장으로서 가족의 생계를 책임지고 여성은 가정 내에서 필요한 아동 양육과 가사 노동을 담당한다. 이러한 가족 모델을 지원하는 사회 보험 제도는 남성 노동자에게는 가족을 부양할 수 있는 생계 급여를 제공하는 반면 여성 노동자에 대한 급여에서는 가족 부양 문제를 고려하지 않게 되어 성차별적 경향을 보이기도 한다.

로 반영하는 유형이어서 재분배 효과가 떨어진다. 이러한 특성은 기독교 민주당, 혹은 가톨릭 정당 주도로 복지 정책 체제가 형성된 데 기인한다. 기독교 정당은 전통과 질서에 대한 가치를 중요한 판단 기준으로 설정하며, 전통적인 가족의 유지와 이를 지원하는 복지 체계에 강조점을 둔다. 그래서 '남성-가족 부양자/여성-보호 제공자'라는 가족 모델을 유지하고, 남성 가장을 지원하는 사회 보험을 통한 현금 급여는 중요시하는 반면에 여성의 취업을 지원하는 사회 서비스(아동, 노약자 돌봄 서비스 등)에는 매우 인색한 경향이 있다. 또한 사회 보험도 취업한 남성 가장에게 초점을 맞추며, 직업적 계층에 따라 분화되어 있다. 이는 사회 보험의 급여가 재분배의 가치보다는 시장 체계에서의 기득권, 즉 기존의 지위와 소득을 반영한다는 의미이며, 그 결과 연대와 위험 분산의 폭이 넓지 않고 편협하고 계층별로 독립적인, 즉 배타성이 높은 제도적 특성을 지니게 된다. 유럽 대륙의 복지 국가, 조합주의 복지 국가 유형이 보편주의적 사회 보험 중심의 복지 체계이면서도 탈상품화의 정도가 북구 쪽의 사민주의 복지 국가 유형보다 낮게 나타나는 것은 이러한 제도적 특성에서 기인한다고 해석된다. 그리고 이러한 제도적 특성이 나타난 것은 기독교 민주당 주도의 보수주의적 이념을 배경으로 복지 국가 체제가 형성되었기 때문이라고 에스핑 안데르센은 설명한다.

　사회 민주적 복지 국가 유형으로는 앞에서 언급한 스웨덴이

루이스 하인, 〈계단에 앉아 있는 두 여자아이〉(1911). 엄마를 비롯한 가족들은 모두 공장에 나가고 어린 줄리아가 동생을 돌보고 있다

기독교 정당은 전통과 질서에 대한 가치를 중요한 판단 기준으로 설정하며, 전통적인 가족의 유지와 이를 지원하는 복지 체계에 강조점을 둔다. 그래서 '남성-가족 부양자/여성-보호 제공자'라는 가족 모델을 유지하고, 남성 가장을 지원하는 사회 보험을 통한 현금 급여는 중요시하는 반면에 여성의 취업을 지원하는 사회 서비스(아동, 노약자 돌봄 서비스 등)에는 매우 인색한 경향이 있다.

가장 전형적이다. 스칸디나비아 지역의 스웨덴, 노르웨이, 핀란드 등이 사회 민주적 복지 국가로 분류된다. 이 유형의 복지 국가는 탈상품화 효과가 가장 높고, 사회 보장 제도에 대한 계층 간 분화 현상이 낮은 계층 통합적 복지 체제를 구축한 것으로 평가된다. 여기서는 국가 대 시장, 노동 계급 대 중간 계급 사이에 존재하는 대립과 갈등의 문제를 통합하고, 최소한의 생활 수준 보장을 넘어 가능한 한 최대 수준에서 불평등을 완화하고자 한다. 이러한 국가에서는 사회의 모든 계층이 하나의 보편적이고 포괄적인 복지 체계에 통합된다. 사회의 모든 사람이 급여를 받고, 국가에 의존하고, 모든 사람이 각자의 능력에 부합하게 사회 보장 비용을 지불할 의무를 진다.

사회 민주적 복지 국가 유형의 특징을 총괄하여 요약하면 복지 국가의 목표가 평등주의를 달성하는 데 있다고 할 수 있지만, 어떻게 그러한 목표가 달성되는가 하는 복지 국가의 구조적 기제를 설명하기는 복잡하다. 앞에서 스웨덴 사례를 통해 자세히 살펴본 바와 같이, 복지 국가의 세 가지 전략적 축이 존재한다. 적극적 노동 시장 정책, 연대 임금 정책, 보편주의적 복지 정책이 그것이다. 여기서 보편주의적 복지 정책에 대해서만 추가 설명을 덧붙이도록 한다.

사회 민주적 복지 국가에서는 사회 수당과 사회 서비스가 상대적으로 더 강조된다. 상대적이라 함은 자유주의형과 조합주의 사회 민주적 복지 국가는 모든 계층이 차별 없이 사회 수당과 사회 서비스를 활용할 수 있도록 함으로써 사회 보장 제도의 보편성을 확대하며, 사회 정책과 경제 정책이 상보 관계에 있다.

형에 비해서 그러하다는 의미이다. 왜냐하면 모든 복지 국가에서 사회 보험 제도가 가장 중심적 역할을 담당하기 때문이다. 사회 보험 제도가 대상자의 수나 재원의 규모 면에서 가장 큰 제도라는 점은 모든 복지 국가에서 공통적이다. 다만 사회 보험 제도의 급여와 자격 조건이 너무 엄격해지면 선별주의 제도인 공공 부조가 더 많은 역할을 담당하게 되는데, 이러한 특성이 자유주의적 복지 국가에서 나타난다는 점은 앞에서 언급한 바 있다. 모든 복지 국가에서 사회 수당과 사회 서비스의 역할은 상대적으로 낮다. 사회 수당은 막대한 재원이 필요하기 때문에 쉽게 사용할 수 있는 성격의 복지 제도가 아니라는 점에서 그러하고, 사회 서비스는 인적 서비스를 제공하는 방식이어서 현금을 직접 급여하는 소득 보장 제도에 비해 활용도가 낮다는 점에서 그러하다. 그런데 사회 민주적 복지 국가는 사회 수당과 사회 서비스를 상대적으로 더 많이 활용하고 있어서, 사회 보험 중심의 조합주의 복지 국가 체제와 구분된다. 모든 계층이 차별 없이 사회 수당과 사회 서비스를 활용할 수 있도록 함으로써 사회 보장 제도의 보편성을 더 확대하고 있는 것이다.

사민주의 복지 국가 체계가 다른 유형의 복지 국가와 구분되는 또 하나의 중요한 차이점은 사회 정책과 경제 정책이 밀접하게 연계되어 있고 상충적이거나 대립적이지 않다는 점이다. 앞에서 스웨덴 복지 국가의 세 가지 축에 대해 설명했는데, 그중

두 가지는 경제 정책의 영역이기도 하고 사회 정책의 영역이기도 해서 중첩적인 성격을 지닌다. 공공 일자리를 창출하는 적극적 노동 시장 정책은 경제 정책이기도 하고, 실업자에게 일자리를 제공한다는 점에서 사회 정책이기도 하다. 연대 임금 정책을 통해 산업별 임금 격차를 축소하고 연대 임금 기금을 활용해 사양 산업을 정리하고 산업 구조를 재편하는 정책 또한 경제 정책이기도 하고 사회 정책이기도 하다. 즉 사회 정책과 경제 정책이 유기적으로 연결된 구조인 것이다. 사회 정책이 경제 정책을 방해하고 경제적 효율성을 떨어뜨림으로써 경제 정책과 상충 관계에 있는 것이 아니라, 경제 정책의 효율성을 증가시킴으로써 경제 정책과 상보 관계에 있다고 하겠다.

왜 미국을 '복지 후진국'이라고 할까

복지 국가 유형을 분류하는 학자들은 미국과 영국을 합쳐 영미권으로 분류하는 경향
이 있고, 또 미국과 영국의 유형을 자유주의적 복지 국가라고 부르기도 한다. 그런데
영국과 미국을 하나의 유형으로 동일시하는 것은 매우 큰 오류이며 두 국가의 복지 체
계를 너무 단순화한 것이라는 비판이 존재한다. 이러한 비판을 취하는 학자들은 미국
을 복지 국가로 분류하는 것은 적절치 않으며, 미국을 '지체된' 복지 국가 혹은 '복지
후진 국가'로 분류하는 것이 적절하다고 본다.

미국은 신대륙에 이주민들이 건설한 국가이다. 영국과 유럽의 각 나라에서 자유를 찾
아, 새로운 기회를 찾아 이주한 사람들이 세운 나라이다. 그래서 미국은 자유주의에 대
한 신념이 매우 높다. 미국에서는 개인의 사생활 보장과 신체의 자유, 재산 소유의 자
유 등 자유권적 기본권이 매우 존중된다. 국가의 역할은 국방과 질서 유지 차원을 넘
어서지 못하도록 제한되는 경향이 강하다. 빈곤 계층을 돕거나 노약자를 지원하기 위
해 국가가 세금을 거두는 행위는 개인의 사생활에 대한 침해이며 국가의 역할을 벗어
난 과도한 행위라고 여겨진다. 그래서 미국에서는 유럽 각 국가들이 시행하는 사회 보
험 제도의 도입도 상당히 늦게 이루어졌다. 독일이 사회 보험 제도를 처음 시행한 시
기가 1880년대였는데, 미국은 그로부터 50여 년이 지난 후인 1930년대에야 비로소 사
회 보험 제도를 도입한다. 미국의 경우 사회 보험 제도 도입의 시기가 늦었을 뿐만 아
니라 국가 개입에 대한 반대 여론으로 다양한 사회적 위험에 대비하고 모든 국민을 포
함하는 포괄적인 사회 보험을 만들지도 못했다. 미국의 사회 보험에는 질병에 대비하
는 의료 보험이 없다는 점이 이를 단적으로 보여준다. 민간 상업 보험 회사들이 만든
건강 보험은 있지만, 국가가 주도하는 전 국민을 대상으로 하는 사회 보험으로서의 건
강 보험 제도는 미국에 도입되지 못했다. 그렇다고 영국이나 스웨덴처럼 전 국민에게
무료로 제공하는 의료 서비스 체계가 있는 것도 아니다. 사회 보험도 없고, 무료 의료

서비스 체계도 없으므로, 미국에서는 의료 서비스를 상품 시장에서 구매해야 소비할 수 있다. 즉 구매 능력이 없거나 떨어지는 사람들은 병원에서 의료 서비스를 받기 매우 어려운 실정이다.

이러한 미국의 특징은 사회 보장에 대한 국가의 재정 지출에서도 잘 드러난다. 미국은 스웨덴, 독일, 프랑스 등 유럽 복지 국가들에 비해 현저하게 낮은 비율의 공공 재원을 사회 복지에 사용하고 있다. 예컨대 독일과 프랑스가 1980년에 GDP의 약 31퍼센트를 사회 복지 관련 분야에 지출한 데 비하여 미국은 17.7퍼센트만을 공공 재원으로 사용했다. 당시에 영국은 약 23퍼센트를 공공 재원으로 사용했다. 이와 같이 복지 국가의 다양한 측면을 모두 고려하면 영국과 미국을 동일한 유형의 복지 국가로 보기 힘들고, 미국을 지체된 복지 국가로 분류해야 한다는 주장이 설득력을 얻는다.

분화된 복지 국가/통합된 복지 국가

많은 학자들이 여러 가지 기준으로 복지 국가 유형을 분류한다. 유형 분류의 주류는 에스핑 안데르센과 같이 세 가지로 분류하는 것이므로 본문에 소개한 내용의 범주를 크게 벗어나지 않는다. 그런데 미슈라Ramesh Mishra는 사회 정책과 경제 정책의 통합성 이라는 측면에서 복지 국가를 두 가지 유형으로 구분한다. 이러한 구분은 복지 국가 위기론 이후에 복지 국가의 재편 방향을 논의하는 과정에서 주요한 논쟁점이 되었다 는 점에서 좀 더 자세하게 내용을 파악해둘 필요가 있다.

미슈라는 복지 국가 유형을 두 가지로 구분했다. 하나는 다원적(혹은 분화된) 복지 국가 이고 다른 하나는 조합주의적(혹은 통합된) 복지 국가이다. 미슈라의 구분 기준은 경제 정책과 사회 복지 정책이 유기적으로 연계되어 있는가, 사회 정책 혹은 복지 정책들 간의 유기적 통합성이 높은가 하는 것이다.

분화된 복지 국가에서 사회 보장 정책과 경제 정책은 구분되고 대립되는 경향이 있다. 복지 정책은 경제에 나쁜 영향을 주는 경향이 있다고 간주되어 최소한으로 억제된다. 복지 제도가 경제에 미치는 나쁜 영향이란 예컨대, 과도한 복지 급여가 노동 의욕을 떨어뜨린다거나, 복지에 의존함으로써 노력하지 않도록 한다거나, 혹은 미래를 대비 하는 저축 성향을 낮춘다거나 하는 것을 말한다. 분화된 복지 국가에서는 복지 정책을 반대하지는 않지만, 복지 정책이 부정적 영향을 미치지 않을 정도로 급여 수준과 급여 기간을 최소한으로 제안하는 형태로 제도를 구성하게 된다. 복지 정책은 경제에 문제 가 있을 때 일시적으로 작동하거나, 일부 국민에 대해 선별적으로 작동하도록 제한되 는 경향이 강하다. 따라서 복지 정책들이 통합성을 갖기 어렵고, 포괄적이지 않고 단편 화되는 경향이 있다. 미슈라에 의하면 자유주의 이념의 성향이 강한 영어권 국가들이 이러한 유형의 복지 국가에 속한다. 구체적으로는 미국, 영국, 캐나다 등이 분화된 복 지 국가 유형이라고 할 수 있다.

통합적 복지 국가에서는 사회 복지 정책과 경제 정책이 분리되기보다는 유기적으로 연관되어 있다. 사회 복지 정책이 경제 정책과 연관되어 있고 경제 정책은 사회 복지 정책과 밀접하게 연결되어 있어서, 마치 동전의 앞뒷면과 같이 작동한다. 이러한 유형에서 복지 정책은 경제 집단들 간의 혹은 계급들 간의 상호 협력 속에서 추진된다. 복지 정책이 경제에 부정적 영향을 미치는 것이 아니라, 상호 상승 작용을 하는 것으로 간주된다. 사회 보장 정책이 경제 정책을 보완하고 경제 정책은 사회 보장 정책의 기능을 보완하는 것이다. 또한 사회 보장 정책은 일시적이고 선별적으로 작동하는 것이 아니라 지속적이고 보편주의적으로 작동한다. 사회 복지가 파편화되지 않고 유기적으로 연결되어 통합적으로 구조화된다. 이러한 유형의 복지 국가는 주로 평등주의가 강조되는 사민주의 이념이 지배적인 국가들에서 찾아볼 수 있는데, 스웨덴, 오스트리아 등이 통합적 복지 국가로 분류된다.

4장

복지 국가의 위기, 그리고 변화

1

복지 국가의 성장과 위기

1930~1940년대에 서구의 선진 산업 국가들은 본격적인 복지 국가 체제를 형성하게 되며, 전쟁이 끝난 후 1950년대와 1960년 대에 세계 경제는 지속적이고 안정적인 경제 성장이 이루어지는 호황 상태를 맞이하게 된다. 자본주의 경제의 고질적인 불안정 성은 케인스 경제 이론에 바탕을 둔 복지 국가 체제가 필요한 시 기에 적절히 개입함으로써 조정될 수 있었다. 호황기에는 각종 사회 보장세를 징수해 경제가 과도하게 끓어오르는 경향을 제어 할 수 있었고, 불황기에는 공공사업을 통해 일자리를 창출하고 실업 급여 등을 지급함으로써 국민들의 소비 능력을 진작시키 고 유효 수요를 창출해 불황의 골이 깊어지지 않도록 조정할 수 있었다. 자유 시장 경제가 공공의 개입을 통해 조정되는 경제 체 제를 수정 경제 체제라고도 한다. 복지 국가는 경제 정책과 사회 정책이 조화를 이루어 정책 효과를 상호 상승시키는 기반이 될 수 있었고, 이러한 기반 위에서 세계 경제는 안정적인 성장 기조

를 유지할 수 있었다. 안정적인 경제 성장은 또다시 복지 국가들이 사회 보장 제도를 확대하고 복지 지출을 확대해 복지 국가 체계를 성장·발전시키는 원동력이 되었다.

사회 보장 제도를 확대하고 적극적으로 실시하면 사회 보장 비용이 증가한다. 복지 국가의 발전 정도를 비교할 때 국가의 재정 지출에서 사회 보장 비용이 어느 정도 비중을 차지하는지를 살펴보게 된다. 또는 국민의 총 소득 대비 복지 비용으로 비교하기도 하는데, 경제 용어로 말하자면 국내 총생산(GDP) 대비 복지비 지출이 많을수록 더 발전된 복지 국가로 평가한다. 이러한 수치를 통해 복지 국가가 등장한 1940년대와 급속한 성장기이던 1960년대와 성장기가 마무리된 1970년대를 살펴보면 매우 극적인 변화를 확인해볼 수 있다. 가장 발전된 복지 국가로 평가되는 스웨덴의 경우 GDP 대비 복지비는 복지 국가 출범기인 1940년대에 5~7퍼센트에 불과했지만, 1960년대에는 12.3퍼센트에 달했고, 1970년대 말에는 30퍼센트 수준에 접근했다. 이는 국내 총생산의 약 1/3이 사회 복지 비용으로 사용되었다는 의미이며, 우리 소득의 1/3을 개인이 아니라 사회가 공동으로 사용하게 되었다는 의미이기도 하다. 지체된 복지 국가 혹은 복지 후진 국가로 평가되는 미국의 경우에도 복지 비용의 성장은 괄목할 만하다. 미국의 복지비는 1940년대의 5퍼센트에서 1960년대에 9.9퍼센트로 증가했으며, 1970년대 중반에는 18.7퍼센트에 달했다.

복지 국가는 경제 정책과 사회 정책이 조화를 이루어 정책 효과를 상호 상승시키는 기반이 될 수 있었고, 이러한 기반 위에서 세계 경제는 안정적인 성장 기조를 유지할 수 있었다.

주요 복지 국가들의 GDP 대비 복지비 현황 (단위 : 퍼센트)

	스웨덴	서독	프랑스	오스트리아**	영국	미국	일본
1960년	12.3	17.1	14.4	10.1	12.4	9.9	7.6
1975년	30.0*	27.8	26.3	20.1	19.6	18.7	13.7

* 스웨덴의 1975년 수치는 추정치임. 1970년 25.9퍼센트, 1980년 33.0퍼센트로 기록된 증가 추세를 반영했음.
** 오스트리아의 수치는 1950년과 1977년의 것임.
자료 : 김태성 · 성경륭, 《복지국가론》(나남출판, 1993), 114쪽.

1970년대 중반에 이르면 일부 국가를 제외하고 대부분의 복지 국가들에서 사회 복지 비용이 국민 총생산의 약 20퍼센트 수준을 상회하게 되는데, 이는 1950년대와 1960년대 황금 시기에 각국이 사회 보장 제도를 확대하고 사회 보장 지출을 증가시켜 온 결과이다. 이때를 복지 국가의 황금기라고 부르기도 하는데, 이 시기에 복지 지출이 확대되었을 뿐만 아니라 국가 주도의 사회 복지 확대와 복지 국가 체계에 대한 국민적 합의의 수준이 가장 높았다. 대부분의 국민들이 사회 복지의 확대를 지지했으므로, 선거에서 정당들은 이념의 차이에도 불구하고 사회 보장의 확대를 공약하지 않을 수 없었다. 보수주의 정당도, 사민주의 정당도 모두 사회 보장의 확대를 경쟁하듯이 공약했고, 그 결과 복지 국가 체제는 단단하게 굳어져갔다.

시간이 흐르면서 복지 국가의 황금기도 정점을 지나 마침내

석유의 가격 폭등

이스라엘과 아랍 국가들 간에 발생한 여러 차례의 중동 전쟁으로 아랍 국가들의 민족주의가 싹트기 시작했고, OPEC 산유국들이 담합해 석유 가격을 상승시키거나 석유 수출을 중단하는 등 영향력을 행사함으로써 국제 정치에서 아랍 민족의 이익을 관철시키고자 했다. 1973년에 석유 가격이 갑자기 70퍼센트 상승했는데, 이를 1차 오일 쇼크라 부른다. 1978년에는 이란이 석유 수출을 갑자기 중단함으로써 유가가 급등하는 2차 오일 파동이 일어났다.

점차 저물어갔다. 1960년대 말에 접어들면서 세계 경제의 호황 상태는 종료되어갔고, 1970년대에 이르러서는 경제 위기의 조짐이 보이기 시작했다. 중동의 산유국들이 공동의 모임을 조직하고 담합해 석유 가격을 급격하게 상승시켰다. 산업 사회의 가장 중요한 에너지원인 석유의 가격 폭등은 모든 상품 가격의 상승 원인으로 작용했고, 임금 상승을 초과하는 상품 가격의 상승은 사람들의 생활을 어렵게 만들었다. 기업들은 원자재 가격이 상승하는 반면 물건은 팔리지 않는 이중고에 시달리게 되었다. 과거의 불황은 물품 가격이 떨어지면서 물건이 팔리지 않는 상황이었기 때문에 상품 판매가 저조해지면 가격을 떨어뜨려 판매를 증가시키려는 노력을 할 수 있었지만, 이번 불황기에는 원자재 가격의 상승으로 물품 가격을 떨어뜨릴 수 없는 상황이었고 그래서 불황을 극복하기가 더 어려웠다. 과거의 불황은 소비자의 소비 능력을 증가시키는 전략(케인스주의 복지 국가 전략)으로 극복 가능했지만, 이번에는 원자재 가격의 상승과 상품 가격의 상승으로 인하여 소비 능력을 증가시키는 전략이 잘 먹혀들지 않는 상황이 된 것이다. 즉 복지 국가 전략에도 불구하고 세계 경제는 장기간의 불황 상태에 빠져들게 되었다.

1950년대와 1960년대 복지 국가의 급속한 성장은 지속적인 경제 성장을 기반으로 한 것이었다. 경제 성장에 따라 국민 소득이 증가했고, 국민 소득이 증가하면서 사람들은 사회 보장 관련

1970년대에 세계 경제에 위기가 닥치면서 복지 국가 체제에 대한 불만이 표출되기 시작했다. 그동안 복지를 찬성하는 다수의 목소리에 묻혀 있던 반대의 목소리가 드러나기 시작했다. 바야흐로 복지 국가 위기의 시대로 진입한 것이다.

1973~1973년 겨울의 플래그flag 정책을 설명하는 표지판(미국 오리건)

세금이 증가해도 부담을 느끼지 않았다. 즉 사회 보장 재원 확보에 어려움이 없었다. 국민들은 세금을 더 내는 대신 더 좋은 복지 서비스를 받았으므로 불만이 없었을 뿐만 아니라 복지 국가 체제에 대한 국민들의 만족감이 높은 수준으로 유지되었다.

1970년대에 찾아온 세계 경제의 위기는 그러한 선순환에 종말을 고하는 것이었다. 경제는 어려워졌고, 복지 급여를 받아도 이전과 같은 생활을 유지할 수 없었다. 실업자는 증가했고, 실업 급여 수준은 물가 상승을 따라가지 못했다. 복지 국가 전략에 따르면 불황은 빨리 종료되어야 하는데 오히려 장기간 지속되었고, 실업자는 늘어만 갔다. 1980년대에 이르러 유럽 복지 국가들은 평균 10퍼센트 이상의 높은 실업률에서 벗어나지 못했다. 장기적인 불황으로 국민들의 소득 수준은 떨어졌고, 국가 경제는 후퇴하여 마이너스 성장을 기록했으며, 국민 총생산액은 감소했다. 소득의 감소는 사회 보장 재원의 감소로 이어졌다. 사회 보장세에 대한 더 이상의 확대는 불가능해지고 소득 감소에 따라 재원이 축소되는 위기가 닥쳤다. 실업자의 증가에 따라 복지 급여 대상자는 증가하는 반면 복지 재원 마련은 어려워지는 이중고가 복지 국가 체제를 위협하기 시작했다. 선순환이 아니라 악순환이 시작된 것이다.

이제 복지 국가 체제에 대한 불만이 표출되기 시작했다. 그동안 복지를 찬성하는 다수의 목소리에 묻혀 있던 반대의 목소리가 드러나기 시작했다. 경제 불황이 복지 국가 체제에서 비롯되었다는 평가도 등장했다. 복지 국가 체제를 지지하던 세력들도 사분오열했다. 불만은 고조되었고, 사람들은 위기 탈출 해법을 찾는 데 골몰하게 되었다. 바야흐로 복지 국가 위기의 시대로 진입한 것이다.

복지 국가에 대한 비판

복지 국가는 원래 서로 다른 가치관과 이념들 간의 타협의 산물이어서 이념이나 가치관이라는 관점에서 보면 복지 국가 체제를 구성하는 모든 제도와 행위들은 중간적이고 어정쩡한 위치에 있다. 그러므로 이념을 극단적으로 내세우면 복지 국가 체제에 선뜻 동의하기 어렵다. 보수 우파는 복지 제도가 국민의 자유에 대한 지나친 간섭이라고 보며, 자유 시장 질서를 교란하여 효율성을 떨어뜨리는 국가 개입에 찬성하지 못한다. 극단적인 좌파 혹은 마르크스주의 좌파는 복지 제도가 자본주의의 불평등과 모순을 근본적으로 개혁하지 못하고 온존시키는 일종의 사기라고 보아 그것에 동의하지 못한다. 복지 국가 체제는 좌파와 우파 양쪽에서 공격받는 태생적 한계를 지니고 있었다. 그러나 이러한 비판은 복지 국가의 현실적 성공 속에서 목소리를 높이기 어려웠고 잠재될 수밖에 없었다. 그런데 복지 국가 체제가 어려워지는 위기 상황에서는 여러 가지 불만들 속에서 좌우파의 전통적인 복지 국가에 대한 비판에서 중요한 것은 복지 국가가 구조적으로 비효율성을 지니고 있는가, 그리고 그러한 문제가 있다면 어떻게 변화시켜 나갈 것인가 하는 것이다.

비판의 목소리가 힘을 얻게 된다. 이 책에서는 이러한 일반적인 의미의 복지 국가에 대한 비판을 더 구체적으로 논의하지는 않는다. 왜냐하면 이러한 비판은 복지 국가 체제의 구조적 문제를 직접 비판하는 것이 아니고, 더구나 상황이 좋아지면 다시 잦아들 것이기 때문이다. 문제는 복지 국가가 구조적으로 비효율성을 지니고 있는가, 그리고 그러한 문제가 있다면 어떻게 변화시켜나갈 것인가 하는 것이다. 20세기 후반기로 접어들면서 복지 국가를 둘러싼 경제 환경은 구조적으로 변화했다. 제조업 중심의 산업 사회는 비제조업(서비스 산업, 금융 산업 등) 중심의 후기 산업 사회로 변화했으며, 그 변화는 21세기에 들어와 더욱 급속하게 진행되고 있다. 한편 전 세계가 하나의 경제 구조로 통합되는 세계화의 경향이 더욱 강화됨에 따라 국가 간 경쟁도 점점 더 치열해지고 있다. 이러한 변화에 20세기의 유물인 복지 국가 체제가 적합한 것인가는 근본적인 물음이며, 복지 국가 위기의 시기에 등장한 일부 비판들은 그러한 문제 제기의 출발점이었다.

자유 시장 체계에 대한 복지 국가 체제의 개입은 시장 실패에 대한 공공의 대응이라고 할 수 있다. 자유 시장 체계가 정상적으로 작동하지 못함으로써 발생하는 비효율성이 시장 실패이다. 능력과 노력에 따른 형평성 있는 분배는 효율적이라고 볼 수 있지만, 과도한 불평등은 비효율성을 함축하게 된다. 과도한 호황은 과잉 투자를 낳고 과잉 투자는 과잉 생산과 불황으로 연결된다. 전형적인 자유 시장의 신호 체계 실패이다. 이러한 비효율성에 대한 대응으로 복지 국가 체계가 등장했다. 그런데 과도한 복지 국가의 팽창이 국가의 실패를 불러왔다는 것이 복지 국가에 대한 비판의 핵심이다. 현재의 경제적 어려움의 원인이 복지 국가 체계의 비효율성에 있지는 않더라도, 적어도 기존의 복지 국가 체계로는 이 어려움을 극복해나가기에 부적절하다는 것이 비판의 요지이며, 복지 국가를 지지하는 사람들도 이러한 비판에 대해서는 해답을 찾아야만 했다.

복지 국가가 경제 성장을 저해하며 경제에 부정적 영향을 미친다는 주장은 크게 세 가지 측면에서 설명된다. 첫 번째는 복지 국가의 확대로 공공 부문에서 사회 복지 지출이 과도하게 증가하면, 그 사회의 경제 성장을 이끌어가는 산업 생산 부문에 투입할 수 있는 인력과 자본이 줄어들어 경제 성장이 위축된다는 것이다.

두 번째는 과도한 사회 복지의 확대로 인하여 근로 동기가 약화되어 노동 공급이 줄어든다는 것이다. 근로 동기 약화는 두 가지 측면에서 발생할 수 있다. 과도한 국가 복지의 확대는 과도한 세금을 부과하는 원인이 되는데, 열심히 일해서 높아진 소득의 상당 부분을 모두 세금으로 빼앗긴다고 생각하면 사람들은 열심히 일하지 않을 것이다. 또 다른 측면에서, 과도한 복지 급여도 근로 동기 약화를 불러올 수 있다. 실업 급여 수준이 높아서

대공황 때 식량을 배급받기 위해 기다리는 사람들을 묘사한 조각상(워싱턴 DC, 루스벨트 기념관). 과도한 호황은 과잉 투자를 낳고 과잉 투자는 과잉 생산과 불황으로 연결된다

산업 사회가 후기 산업 사회로 바뀌고, 전 세계가 하나의 경제 구조로 통합되는 세계화의 경향이 더욱 강화됨에 따라 국가 간 경쟁도 점점 더 치열해지고 있다. 이러한 변화에 20세기의 유물인 복지 국가 체제가 적합한 것인가는 근본적인 물음이며, 복지 국가 위기의 시기에 등장한 일부 비판들은 그러한 문제 제기의 출발점이었다.

생활에 지장이 없다면 누가 열심히 일자리를 찾으러 다니겠는가? 결국 과도한 세금, 과도한 복지 급여가 근로 동기를 떨어뜨릴 우려가 있고 이러한 측면이 경제 성장의 잠재력을 약화시킨다는 주장이다.

세 번째는 과도한 복지 급여가 위험에 대비할 필요성을 약화시켜 저축 동기를 떨어뜨린다는 것이다. 사람들은 미래의 지출을 대비하여 저축을 하는데, 자녀 양육 및 교육을 준비하고, 주택을 마련하고, 질병에 대비하여 치료비를 마련하고, 퇴직 후 생활비를 마련하는 등 다양한 저축의 이유가 있다. 그런데 나열한 항목들이 사회 보장을 통해 안전하게 확보된다면 저축의 필요성은 매우 약화될 것이다. 저축 의욕의 약화는 국가 전체의 저축액을 감소시키는데, 저축액의 감소는 또한 투자할 수 있는 자본의 감소를 의미한다. 그리고 투자 자원의 감소는 경제 성장의 잠재력을 저하시키는 원인이 된다.

이상과 같은 복지 국가의 비효율성과 경제에 미치는 부정적 효과에 대한 비판은 실증적 증거가 있는가의 측면에서 많은 학자들 사이에서 논란이 되고 있으며, 그렇지 않다는 주장이 많은 것도 사실이다. 그러나 과도한 복지 급여와 과도한 국가 개입에서 비효율성이 발생한다는 데 논리적 근거가 부족하지 않고, 어떤 제도이든 부정적 효과가 따를 개연성은 충분히 있으므로, 복지 국가 위기의 시기에 등장한 복지 국가 체제의 비효율성에 대

한 문제 제기는 새로운 복지 국가 전략을 마련하는 데 고려해야
할 중요한 지적 사항으로 부각되었다.

변화하는 복지 국가들

1970년대부터 시작된 세계 경제 위기는 장기간 선진 복지 국가
들을 경제적으로 침체시켰다. 실업률은 두 배로 증가했고, 경제
성장률은 절반으로 하락했다. 생산성은 향상되지 않았지만 물가
는 치솟았다. 다음의 표는 OECD에 속하는 선진 국가들의 1960
년대와 1970년 이후의 경제 상황을 비교한 것이다. 이에 따르면
평균 실업률은 1960년대에 3.2퍼센트이던 것이 1970년 이후에

OECD 국가의 거시 경제 지표 : 1970년대 경제 위기 전후 비교(단위 : 퍼센트)

	1960~1973년	1973~1981년
실업률	3.2	5.5
인플레이션	3.9	10.4
GNP 성장률	4.9	2.4
생산성 성장률	3.9	1.4

자료 : 김태성 · 성경륭, 《복지국가론》, 250쪽 ; C. Pierson, *Beyond the Welfare State? The New Political Economy of Welfare*(Cambridge UK : Polity Press, 1991), 145쪽.

5.5퍼센트로 상승했고, 물가 상승률(인플레이션)은 3.9퍼센트에서 10.4퍼센트로 폭등했다. 반면 GNP 성장률은 4.9퍼센트에서 2.4퍼센트로 하락했고, 생산성 성장률은 3.9퍼센트에서 1.4퍼센트로 하락했다.

복지 국가들의 경제적 어려움과 곤경 속에서 위기를 탈출하기 위한 다양한 모색이 시작되었다. 복지 국가 체계는 이론상으로 존재하는 것이 아니라 현실이므로 궁리할 시간이 없었다. 지체 없는 변화와 선택이 필요했고, 이러한 변화에 대한 주장은 선거를 통해 선택된다. 이러한 과정은 복지 국가가 출현하는 순간부터 시작되었고, 민주주의적 정치 절차는 복지 국가가 만들어지는 원리였다.

가장 큰 변화는 자유주의적 복지 국가 모형에서 나타났다. 영국, 미국, 뉴질랜드 등 영미권 국가들에서 신자유주의 정치 이념을 주장하는 정당들이 선거를 통해 집권했는데, 이들은 과거의 보수주의와 결별하고 작은 정부와 사회 복지 축소를 주장하면서도 선거에서 승리했다. 복지 국가 황금기에는 보수당의 자유주의와 사민당의 평등주의라는 이념의 차이에 상관없이 모든 정당들이 사회 보장 확대를 공약했다는 것을 앞에서 언급한 바 있다. 신자유주의는 복지 국가의 위기를 극복하기 위해서는 원래의 보수당 이념으로, 진정한 자유주의로 돌아가야 한다고 주장했다. 현재의 경제적 어려움은 복지 국가의 비효율성에서 비롯

대처와 레이건

마거릿 대처는 영국 보수당의 당수로서 1979년 선거에서 노동당을 누르고 영국 수상이 되었다. 비슷한 시기인 1980년에는 미국 공화당의 로널드 레이건이 대통령으로 당선되었다. 두 사람은 모두 작은 정부, 세금 감축, 사회 보장 축소를 공약으로 내세워 집권에 성공했다. 이후 이러한 정치 노선은 신자유주의 혹은 신보수주의라고 불리게 되었으며, 1980년대의 이념적 지평의 지배 사조로 자리 잡게 된다.

된 것이므로 경제에 대한 과도한 국가 개입을 철회하고 과도한 국가 복지를 축소함으로써 시장 경제의 효율성을 높여 경제 불황을 극복해야 한다고 주장했다. 복지 축소와 작은 정부를 통해 복지 국가의 위기를 타개할 수 있다는 주장은 신자유주의의 열풍을 일으켰고, 이들 자유주의적 복지 국가에서는 이러한 전략에 찬성표를 던졌다. 1979년의 영국 대처Margaret Thatcher 행정부의 출범과 1980년의 미국 레이건Ronald Reagan 행정부의 출범은 신자유주의 복지 이념을 대표하는 것이었다. 1940년대에 복지 국가가 출범한 후 약 40년 만에 선거에서 복지 축소를 주장하는 정당이 등장했고, 그 정당이 다수당으로 집권했다는 점에서 복지 국가 역사에서 획을 긋는 사건이라고 할 수 있다. 더 많은 복지, 더 많은 재분배, 더 많은 권리라는 복지 국가의 방향에 제동이 걸리는 순간이었다.

에스핑 안데르센에 따르면, 조합주의적 복지 국가로 분류되는 유럽 대륙의 독일, 프랑스 등은 이상의 자유주의 복지 국가 유형과는 다른 방식으로 경제 불황과 어려움에 대처하고 있었다. 이 국가들은 자유주의 복지 국가에 비해 노동조합의 힘이 강력하고 노조 조직률도 높은 국가들이다. 조합주의적 복지 국가들이 경제 불황과 고실업에 대처하는 방식은 노동 감소형 접근법이다. 높은 실업률은 일자리에 비해 일자리를 찾는 사람들이 많은 상태이므로, 일자리를 찾는 사람들, 즉 노동 공급자를 줄여 일자리

1979년의 영국 대처 행정부의 출범과 1980년의 미국 레이건 행정부의 출범은 신자유주의 복지 이념을 대표하는 것이었다. 더 많은 복지, 더 많은 재분배, 더 많은 권리라는 복지 국가의 방향에 제동이 걸리는 순간이었다.

부족을 완화하자는 전략이다. 어떤 사람들을 줄일 수 있는가? 핵심적으로 일할 수 있는 남성 노동자들을 제외한 여성과 중·고령자가 그러한 대상자들이다. 이들이 가급적 가사 활동으로 돌아가거나 조기 퇴직하게 만들어 일자리를 놓고 경쟁하는 사람의 수를 줄이는 것이다. 남성 가장의 취업을 유리하게 하고 맞벌이 부부에

1988년 11월 16일 백악관에서 만난 레이건(왼쪽)과 대처(그 옆)

게 중과세함으로써 주 소득자 이외의 가족원들이 노동 시장에 참여하는 것을 억제한다. 그리고 조기 퇴직을 장려해 사회 보험에서 지급되는 퇴직 연금이 조기에 지급되도록 한다. 이러한 전략은 노동조합의 입장을 대변하는 것이며, 여성들의 취업을 보완하는 각종 사회 복지 서비스가 발달하지 못한 나라에서 채택하기에 적절하다. 이는 노조의 주요 구성원인 남성 노동자에게 유리한 전략이며, 보육 등의 서비스가 사회적으로 제공되지 않을 때 이러한 전략을 취하면 여성은 취업보다는 가사 노동에 종사하는 것이 더 유리하다고 판단하게 된다.

경제 불황과 고실업에 대응하는 세 번째 유형의 방식은 스칸디나비아 방식이라고 하는데, 사회 민주적 복지 국가들이 채택

한 방식이다. 스웨덴, 덴마크, 핀란드 등 북유럽 스칸디나비아 반도 부근에 위치한 국가들이 사회 민주적 복지 국가 유형에 해당한다. 이들이 경제 불황과 고실업에 대처하는 방식은 적극적으로 공공 고용을 확대하는 것이었다. 이때 공공 부문의 고용을 확대하는 방식이 재미있는데, 공공이 제공하는 사회 복지 서비스를 확대함으로써 이 서비스를 담당하는 사람들의 일자리를 늘리는 방식이었다. 국민에게 제공하는 사회 복지 서비스를 늘리면서 동시에 공공의 일자리 창출을 달성하는 일석이조의 방안이라고 할 수 있겠다. 스웨덴과 덴마크의 경우 1970년대부터 1980년대 중반까지 확대된 고용 규모의 약 80퍼센트가 공공 부문에서 이루어졌으며, 그 결과 국가 전체 고용 중 공공 부문이 차지하는 비중이 약 30퍼센트를 상회한다.

경제 불황에 대처하는 방식은 세 가지 유형의 복지 국가들이 각각 고유한 특성을 잘 반영하는 형식으로 나타났다. 자유주의 복지 국가 체제에서는 과도한 복지 지출을 축소하고, 노동 시장에 대한 국가 개입을 줄여 노동 시장의 유연성을 높이고 시장의 자율성을 강화하는 방향을 선택했다. 조합주의형 복지 국가에서는 노동 공급을 감소시켜서 실업률을 낮추는 방향으로 나아갔다. 사회 민주적 복지 국가에서는 사회 복지 서비스를 확대해 공공 일자리를 창출하고 실업자를 고용하는 방향으로 대응했다. 각각의 대응 방식은 소기의 목적을 이루기도 했으나 어려움을 경제 불황이라는 위기를 맞아, 자유주의 복지 국가는 복지 지출 축소와 시장의 자율성 강화를, 조합주의형 복지 국가는 노동 공급 감소를 통한 실업률 감소를, 사민주의 복지 국가는 사회 복지 서비스 확대를 통한 공공 일자리 창출이라는 대응 전략을 택했다.

극복하는 데 여러 가지 한계점을 드러냈다.

사민주의 복지 국가에서 채택한 사회 복지 서비스의 확대를 통한 공공 일자리 창출과 실업률 감소 전략은 매우 성공적인 모델로 칭송받았으나, 장기적인 지속 가능성에 대해 의문이 제기되었다. 복지 서비스도 확대하고 실업률도 줄이는 일석이조의 정책이지만, 공공의 일자리를 위해 막대한 공공 재원이 지출되어야 하는데 그 재원은 세금으로 충당되어야 한다. 따라서 세금을 낼 수 있는 생산 부문의 경쟁력이 지속되어야 하고, 특히 스웨덴 경제가 한국과 마찬가지로 수출 산업을 핵심으로 하는 만큼 국제 경쟁력이 있는 생산성이 확보되어야 한다. 이러한 재원의 원천이 국제 경쟁에서 살아남아야만 스웨덴의 복지 모델이 지속 가능해진다. 생산 부문과 복지 부문의 공존, 그리고 세계화의 경쟁에서의 생산 부문의 경쟁력 유지, 이 두 가지 목표를 동시에 달성해야 하는 어려운 과제가 스웨덴 사민주의 복지 모델의 지속 가능성과 연결되어 있다.

조합주의 복지 국가 유형이 채택한 노동 감소 전략은 경제 위기를 극복하는 본질적인 대책이 아닐 뿐만 아니라 대량의 조기 퇴직을 발생시킴으로써 사회 보험 제도의 재정 부담을 가중시켜 재정 위기를 촉발한다는 문제가 있다. 임시로 실업 문제의 악화를 완화하는 정도의 정책적 효과는 있지만 근본적인 대안은 아닌 것이다. 복지 국가를 지지하는 세력들의 더 많은 연구와 탐색

'제3의 길'로 대표되는 중도 노선을 추진한 영국 노동당의 토니 블레어(왼쪽) · 고든 브라운 전 총리

이 필요했다.

자유주의 복지 국가 유형이 채택한 신자유주의 방식 또한 경제 회복 효과를 얻기까지 상당한 시간이 걸렸다. 영국의 경우 1980년대 내내 경제는 회복되지 않았고 고실업이 계속되었다. 그러다가 1990년대에 접어들면서 경제 회생 기조가 나타나기 시작했고, 낮은 수준이지만 경제 성장률이 마이너스에서 플러스로 돌아섰으며, 실업률도 점차 줄어들었다. 이러한 성과로 영국 보수당은 2차 세계대전 이후 가장 장기간 집권당의 지위를 유지했다. 보수당은 1979년 집권을 시작해 1997년 노동당에 패할 때까지 약 18년간 행정부를 지휘하게 된다. 그런데 그러한 경

제적 성과가 모든 국민에게 돌아간 것은 아니었다. 실업률은 줄었고 경제는 잘 돌아갔지만 서민들의 생활 형편은 좋아지지 않았다. 새롭게 생긴 일자리는 안정된 정규직이 아니라 고용 기간이 불안정하고 임금 수준이 낮은 비정규직이 대부분이어서 저소득 계층의 소득 수준이 나아지지 않았던 것이다. 고소득층과 저소득층 간의 소득 격차가 점차 커지는 양극화 현상의 문제와, 일을 하는데도 빈곤에서 벗어나지 못하는 새로운 빈곤 문제, 즉 근로 빈곤의 문제가 심각하게 제기되었다. 사람들은 새로운 복지 국가 전략을 원했고 1997년 선거에서 노동당은 제3의 길을 선언했다. 새로운 방향을 제시한 신노동당은 영국 복지 국가를 책임질 정당으로 선택된다.

제3의 길

영국의 사회정책학자이자, 노동당에 이론적 기초를 제공하는 좌파 지식인 가운데 한 명인 앤서니 기든스Anthony Giddens는 1998년에 출간한 책 《제3의길—새로운 사회민주 주의》에서 '제3의 길'에 대해 체계적으로 정리한 바 있다. 기든스는 영국 중도 좌파의 지적 산실 역할을 하는 런던 정치경제대학(LSE)의 교수이면서 1990년대 중반에 노동당 의 신진 리더 그룹에 속한 토니 블레어Tony Blair, 고든 브라운Gordon Brown 등과 깊은 지 적 교감을 나눠온 것으로 알려져 있다. 주지하다시피 토니 블레어는 1997년 선거에서 승리해 약 10년간 영국의 수상으로 활약했고, 고든 브라운은 블레어의 뒤를 이어 수상 이 되었다. 그러므로 기든스가 주창한 제3의 길은 곧 새로운 노동당의 정책 방향과 일 치한다고 볼 수 있다.

기든스의 제3의 길이 등장한 배경에는 1980년대의 신자유주의의 확산, 1990년의 동독 붕괴와 독일 통일, 연이은 1991년의 소련 연방 공화국 해산 등 일련의 사건들이 자리 잡고 있다. 당시 현실에 존재하던 공산 국가들은 좌파 이데올로기의 정신적 안식처 같 은 역할을 했고, 극단적으로 이상적인 사상이 끝없이 펼쳐질 수 있는 토대의 일부이기 도 했다. 좌파 사상가들은 현존하는 평등주의 국가들의 실패와 성공을 비교하면서 더 이상적인 평등주의 사상을 가다듬을 수 있었다. 그런데 1990년대 초반에 강력한 두 공 산 국가가 붕괴함에 따라 획일적 (결과의) 평등을 현실 국가에서 실현하는 실험은 실패 했다는 결론을 받아들일 수밖에 없었다. 한편 공산 국가가 아닌 복지 국가에서도 중도 좌파 혹은 사민당이 선거에서 신보수주의(신자유주의) 정당에 패배하고 국민의 선택으 로부터 멀어지고 있었다. 중도 좌파 혹은 사민주의 이데올로기는 전통적인 좌파 이데 올로기와 다른 새로운 선택을 하지 않으면 안 되는 절체절명의 상황에 도달한 듯했다.

제3의 길은 전통적인 좌파 이데올로기로부터 벗어나는 새로운 사민주의 방향을 의미 한다. 전통적인 좌파는 더 많은 분배, 더 많은 노동자의 권리, 더 많은 국가 개입, 더 많은 국유화를 추구한다. 영국 노동당은 제3의 길에 입각해 정강 정책을 수정했고, 1995년 전당 대회에서 산업의 국유화 정책을 공식적으로 철회했다. 새로운 사민주의는 권리와 책임의 균형, 분배와 효율의 균형, 민간 기업과 공공 부문의 조화를 강조했다. 제3의 길은 민영화와 작은 정부를 추구하는 자유주의의 길도 아니고, 획일적 분배를 강조하는 전통적 좌파도 아닌, 새로운 사회에 적합한 전통적 가치를 재평가하여 사민주의를 새롭게 하는 길이다.

5장

현재적 의미와 전망

복지 국가는 지속될 수 있는가

복지 국가는 변화하고 있으며, 그러한 변화는 근본적인 것인가? 근본적인 틀이 변화했으므로 더 이상 복지 국가일 수 없는 것인가, 복지 국가는 사라지는 것인가? 이러한 질문들은 복지 국가의 현재의 의미를 평가하고 미래를 전망하는 데 기초적인 것들이다.

변화가 근본적이어서 복지 국가는 이미 복지 국가가 아니라고 주장하는 학자들은 새로운 명칭을 부여한다. 근로 촉진 국가, 경쟁 국가, 사회 투자 국가 등이 그러한 예이다.

기존의 복지 국가는 시장의 위험으로부터 노동을 보호하기 위하여 하나의 사회권으로 누구에게나 보편적으로 급여하는 정책을 강조했다. 하지만 오늘날의 복지 국가는 개인의 책임을 강조하고 노동 시장의 참여를 촉진하기 위해 선별적으로 급여하는 정책을 강조하는 것으로 바뀌었다.*

개인의 복지는 개인이 책임지도록 국가는 단지 근로를 촉진할 뿐이라는 의미에서 길버트N. Gilbert는 이러한 국가에 복지 국가라는 명칭 대신 '근로 촉진 국가enabling state'라는 명칭을 부여했다. 근로 촉진 국가와 전통적인 복지 국가의 차이는 네 가지로 설명된다.

첫째, 근로 촉진 국가는 공공 부문에서 제공하던 사회 복지 재화나 서비스를 민간 부문에서 제공한다. 민간 부문에서 제공하는 것이 더 효율적이고 또 소비자들의 선택에 더 적절히 대응할 수 있다는 점에서 바람직하다.

둘째, 근로 촉진 국가는 복지 급여보다는 근로 복지workfare를 강조한다.

셋째, 복지 국가에서는 사회 복지의 재화나 서비스를 보편적으로 급여하는 특성이 강했지만, 근로 촉진 국가에서는 선별적 대상에게 급여하는 복지 체제로 바뀌었다.

넷째, 근로 촉진 국가에서는 민영화, 개인의 책임, 근로를 강조함으로써 전체 국민의 연대감은 약화되고, 그 대신에 민간 조직이나 가족, 이웃, 지역 공동체 내의 연대감이 강화된다.

그러나 이러한 주장, 즉 근로 촉진 국가가 복지 국가를 대체했

• 김태성 · 류진석 · 안상훈, 《현대복지국가의 변화와 대응》(나남출판, 2005), 13쪽 ; N. Gilbert, *Transformation of the Welfare State*(New York : Oxford University Press, 2002).

근로 촉진 국가에서는 공공 부문이 담당하던 서비스를 민영 부문이 제공한다

다거나, 혹은 복지 국가가 근로 촉진 국가로 전환되었다는 주장은 설득력이 약하다. '복지' 패러다임이 변화했다는 주장에는 동의할 수 있으나, '복지 국가' 패러다임이 변화했다는 주장에는 동의하기 어렵다. 왜냐하면, 앞에서 설명한 네 가지 차이점(복지 국가와 근로 촉진 국가 사이에 존재하는)에서 근로 촉진 국가의 특성은 자유주의적 복지 국가에서만 나타나는 것이기 때문이다. 다른 유형의 복지 국가에서는 이러한 특성이 나타나지 않거나 매우 미약하게 나타난다. 예컨대 사민주의 복지 국가에서는 사회 복지 공급의 민영화 현상이 나타나긴 하지만 매우 미약하고, 여전히 공공이 공급하는 복지 서비스가 압도적으로 많다. 또 근로 복지를 강조하더라도 미국처럼 급여를 박탈하고 근로를 강제하는 방식이 아니라, 기본적인 소득 보장 프로그램을 유지하면서 근로 활동을 지원하는, 직업 훈련과 교육 프로그램을 강조하는 방식을 취한다. 복지 급여가 선별적인 방식으로 바뀌었다고 하지만 사민주의 복지 국가에서는 여전히 보편주의 방식의 복지 제도가 압도적이다.

그러므로 근로 촉진 국가라고 부르는 현상은 복지 국가 내에서의 복지 패턴의 변화 혹은 복지 패러다임의 변화 정도로 해석해야 할 것이다. 복지 국가는 여전히 현재 진행형이다. 무엇이 복지 국가가 근로 촉진 국가로 전환되었다는 주장은 설득력이 약하다. '복지' 패러다임이 변화했다는 주장에는 동의할 수 있으나, '복지 국가' 패러다임이 변화했다는 주장에는 동의하기 어렵다. 근로 촉진 국가의 특성은 자유주의적 복지 국가에서만 나타나는 것이기 때문이다.

이렇게 복지 국가의 근본 틀을 변화하지 못하게 하는가? 혹은 복지 국가의 기본 구조는 왜 바뀌지 않는가? 첫 번째 이유는 선거 정치에 있다. 서구 복지 국가에서 여론 조사를 실시하면 투표자들이 여전히 복지 국가에 대해 폭넓은 지지를 보인다. 복지 국가가 여러 가지 어려움을 겪고 있고, 변화의 압력에 직면해 있지만 여전히 복지 국가 자체에 대한 지지도가 높은 것이다.

　복지 국가가 확대될수록 복지 국가 지지자의 규모는 확대될 수밖에 없다고 한다. 스웨덴의 경우 1950년에는 총 투표자의 약 18퍼센트가 사회 복지 수급자나 사회 복지 종사자였지만, 1980년에는 그 비율이 40퍼센트로 증가했고, 1995년에는 57퍼센트에 이르렀다. 국가별로 비율의 차이는 있지만, 복지 관련 당사자가 증가해왔다는 점은 공통적이다. 독일은 그 비율이 51퍼센트에 달하고, 미국은 33퍼센트 수준으로 파악된다. 사회 복지 제도가 발달한 국가일수록 복지 관련 당사자의 비율이 높은 것으로 나타난다. 즉 복지 국가가 발달할수록 복지 당사자가 증가하고 이들은 강력한 복지 국가 지지자로 남게 된다.

　두 번째 이유는 제도의 '고착성'이다. 고착성이란 변화의 압력에도 불구하고 기존 제도를 고수하려는 특성을 말한다. 고착성이 나타나는 요인은 두 가지로 설명되는데 하나는 공식적·비공식적인 제도적 '거부 지점veto points'이 존재한다는 점과 다른 하나는 '경로 의존성path dependency'이 존재한다는 점이다. 일반적으로 민주주의 정치 제도에서는 어떤 정책이 단순히 과반수가 넘는다고 해서 채택되거나 부결되는 것이 아니다. 비록 소수이지만 어떤 정책의 변화에 강력하게 반대하는 집단이 존재한다면 정책변화는 어렵게 된다. 소위 거부 지점을 넘어서는 변화의 요소가 존재해야 제도는 변화하게 되는 것이다. 또한 정책이나 제도는 한번 만들어지고 일정한 기간이 지나면 되돌리기 어려운 경향이 있다. 왜냐하면 기존 제도가 마련한 경로path에 적응한 사람들이나 조직들 때문에 기존 제도를 바꾸는 데 많은 비용이 들기 때문이다. 이를 경로 의존성이라고 한다. 주요한 정책은 일단 만들어지면 일반적으로 커다란 사회적 영향력을 발휘한다. 많은 사람들이 그 정책에 영향을 받고 의존하게 되는데 이것을 바꾸면 혼란은 매우 커진다. 그래서 정책 변화는 대개 점증적일 수밖에 없는 것이다.

이와 같은 두 가지 제도의 고착 요인 때문에 복지 국가가 근본적으로 변화하기는 어려운데다가 복지 국가에 대한 정치적 지지도가 떨어지지 않기 때문에 복지 국가의 기본 틀이 바뀌기는 어렵다고 생각된다. 복지 국가는 점진적으로 변화의 조건에 적응해나갈 것으로 보인다.

무엇이 복지 국가를
변화하게 만드는가

복지 국가는 현재 진행형이며, 복지 국가는 지속될 것이다. 그러나 복지 국가는 현재 변화하고 있다. 무엇이 변화를 추동하는가? 복지 국가의 위기를 설명하면서 1970년대의 석유 가격 폭등과 경제 위기에 대하여 살펴보았지만, 그러한 역사적 사건은 변화를 촉발시킨 계기가 되었다고는 할 수 있을지언정, 변화의 근본 원인이라고 보기는 어렵다. 변화의 원인은 좀 더 구조적인 요인에서 찾아야 할 것이다.

오늘날 복지 국가들은 고도로 발전된 후기 산업 사회로 진전하고 있다. 산업 구조의 변화는 복지 국가가 적응해야 할 중요한 압박 요인이다. 두 번째로 지적해야 할 점은 복지 국가의 확장과 성숙에 따라 복지 확장이 한계점에 도달했다는 것이다. 또 다른 변화 요인은 인구학적인 것으로서 인구 고령화와 가족 구조의 변화이다.

후기 산업 사회

소위 산업 혁명을 통하여 인류 사회는 공장에서 물품을 생산하는 제조업 중심의 산업 사회로 진입했다고 한다. 그런데 산업 사회가 고도화됨에 따라 점차, 서비스 산업을 중심으로 하는 3차 산업이 제조업을 압도하는 단계로 나아가게 된다. 오늘날 서구 선진국의 경제 구조는 고부가 가치를 창출하는 지식 산업과 금융·서비스 산업이 주도하는 경제 구조로 전환되고 있는데 이러한 상태를 후기 산업 사회라고 부른다.

산업 구조의 변화와 생산성 성장의 둔화

복지 국가가 유지되기 위해서는 최소한의 경제 성장이 이루어져야 하고 경제 성장이 이루어지기 위해서는 생산성이 높아져야 한다. 오늘날 복지 국가들이 어려움에 처한 여러 원인 중에는 생산성의 저하와 경제 성장률의 둔화가 중요하게 자리 잡고 있다.

생산성 증가율이 둔화되는 중요한 원인은 산업 구조의 변화이다. 복지 국가들은 생산성이 높은 제조업의 비중이 줄어들고 생산성이 낮은 서비스 산업의 비중이 늘어나는 후기 산업 사회로 들어섰다. 선진 산업 국가들의 경우 1960년에서 1994년 사이에 제조업의 고용은 정체된 반면 서비스 산업의 고용은 연평균 2.2퍼센트 증가해, 1995년의 경우 OECD 국가 평균 서비스 산업 고용률은 약 65퍼센트이고 제조업 고용률은 약 20퍼센트에 불과한 것으로 나타났다. 1인당 생산량을 살펴보면 이 기간 동안 제조업에서는 평균 3.6퍼센트가 증가했는데, 서비스 산업에서는 1.6퍼센트 증가에 그쳤다. 이렇게 생산성이 둔화되면 복지 국가에 심각한 문제가 야기된다.

낮은 생산성은 임금 상승을 막고, 이는 복지 국가의 주요 재원인 사회 보장세의 상승을 막아 복지 국가의 재원 마련에 어려움을 준다. 이러한 압박 요인은 인구 구조의 변화, 특히 인구 고령화와 맞물려 어려움을 가중시킨다. 고령화는 공적 연금 재정 구

복지 국가를 어렵게 만들고 복지 위기를 촉발한 구조적 요인 중의 하나
는 복지 국가 자체가 너무 성숙했다는 것이다.

조에 지속적인 부담으로 작용하는데, 노인 인구의 증가와 수명
연장으로 연금 급여 대상자가 꾸준히 증가하기 때문이다. 생산
인구는 감소하는 반면 부양 인구는 증가하므로 생산성 향상을
통해 세원을 증가시켜야 하는데 생산성이 둔화되고 있는 것이다.

복지 국가는 둔화되는 생산성을 어떻게 반전시킬 것인가라는
과제에 직면해 있다. 제조업과 서비스 산업의 비중을 재조정하
기 어렵다면, 제조업의 생산성을 더욱 고도화하는 전략을 마련
해야 한다. 혹은 저생산성의 서비스 산업 중에서 고생산성의 서
비스 산업 분야를 개발해야 할 것이다. 이러한 과제에 대한 대응
능력이 복지 국가의 지속성을 결정하게 될 것이다.

복지 국가의 성숙

복지 국가를 어렵게 만들고 복지 위기를 촉발한 구조적 요인 중
의 하나는 복지 국가 자체가 너무 성숙했다는 것이다. 서구 복지
국가들은 2차 세계대전 이후 1970년대 중반까지 실질 경제 성장
률보다 더 높은 비율로 사회 복지 지출을 확대했다. 1970년대 중
반 이후 사회 복지 제도의 확대는 둔화되었으나 사회 복지 지출
은 계속 증가했다. 수급자의 수가 늘어나고, 높아진 생활 수준에
맞추어 급여액도 증가했기 때문이다.

사회 복지 프로그램 가운데 특히 공적 연금과 의료 서비스 분

복지 국가는 더 이상 정책의 변화가 없음에도 불구하고 자체의 성숙 요인으로 확대 팽창하고 있다. 이러한 복지 국가의 성숙이 일정 수준 이상에 도달하면 그 자체가 복지 국가 체제를 변화시키는 압박 요인으로 작용하게 된다.

야의 확대는 매우 두드러진다. 이 두 가지 프로그램이 복지 국가 사회 복지 지출의 약 2/3를 차지하는 것으로 나타난다. 연금과 의료 서비스 두 분야의 복지 지출 규모 변화를 살펴보면 1960년에 OECD 국가 평균 GDP의 7퍼센트에서 1990년에 14퍼센트로 대략 두 배 이상 늘어났다. 연금과 의료 서비스의 확대가 이렇게 급격하게 늘어난 것은 특별한 정책적 변화 때문이 아니라 복지 국가의 자연스러운 성숙 때문이라는 점이 중요하다. 새롭게 제도를 만들고 급여 체계를 개편해 그렇게 된 것이 아니라, 의료 지식과 기술이 발달함에 따라 질병 치료 방법이 확장되고 더 어려운 치료 등이 적용되면서 과거에는 치료하지 못하던 질병에 대한 의료 서비스가 확장되었기 때문인 것이다. 즉 제도의 변화가 없음에도 불구하고 의료 서비스 자체의 변화로 복지 급여가 확대된 것이다. 또한 의학 지식의 발달로 인간의 수명이 연장되었다. 노인 인구가 증가하고 평균 수명이 늘어남에 따라 공적 연금 수급자가 증가하고 수급 기간도 늘어났다. 이러한 요소 또한 제도 변화와 상관없이 연금 재정을 급속하게 팽창시키는 요인이다.

복지 국가는 더 이상 정책의 변화가 없음에도 불구하고 자체의 성숙 요인으로 확대 팽창하고 있다. 이러한 복지 국가의 성숙이 일정 수준 이상에 도달하면 그 자체가 복지 국가 체제를 변화시키는 압박 요인으로 작용하게 된다. 1980년대를 지나면 대부분의 복지 국가들의 재정에서 복지 지출이 차지하는 비율이 40

~50퍼센트 수준에 도달해, GDP의 20~30퍼센트에 이르게 된다. 비만이 만병의 근원이듯 과도한 복지는 국가 활동에 여러 가지 문제들을 불러일으키게 된다. 더 이상의 복지 지출의 확대를 어렵게 할 뿐만 아니라 비효율성에 대한 여론의 우려를 증폭시키게 된다.

인구의 고령화

앞에서 언급한 바와 같이 인구의 고령화는 연금 급여와 의료 서비스 재원 지출을 급속하게 팽창시키는 원인이 되고 있다. 노인 인구의 비율은 1960년에 OECD 평균 9.4퍼센트에서 오늘날 약 14퍼센트로 늘었다. 더욱 심각한 것은 앞으로 노인 인구의 비율이 계속 증가할 것으로 예상된다는 점이다. 2035년에 노인 인구의 비율은 23퍼센트 수준으로 증가할 것으로 예상된다. 반면 출산율은 감소하여 생산 활동에 종사하는 젊은 층이 감소해왔다. OECD 국가들의 경우 65세 이상 노인 1명 대비 근로 가능 인구 비율이 1960년에는 7.5명이었는데 1990년에는 5.0명으로 떨어졌다. 이 경향은 더 악화되어 2040년경에는 2.5명으로 떨어질 것으로 예상되는데, 이는 노인 1명을 부양하기 위해 일할 수 있는 인구가 2.5명에 불과하다는 의미이다.

이러한 인구 구조의 변화는 복지 국가의 복지 체제에 과거와

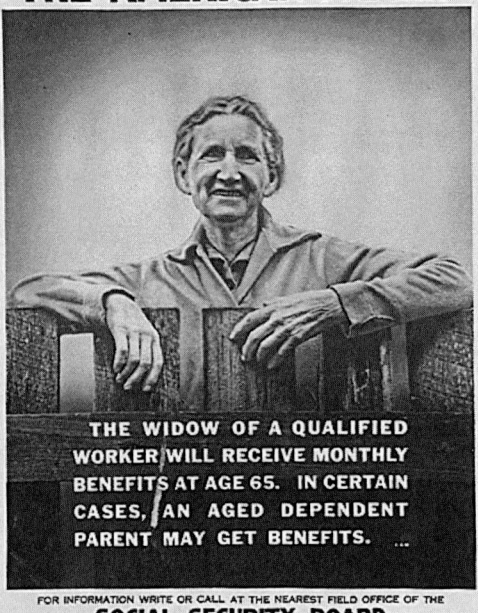

THE WIDOW OF A QUALIFIED
WORKER WILL RECEIVE MONTHLY
BENEFITS AT AGE 65. IN CERTAIN
CASES, AN AGED DEPENDENT
PARENT MAY GET BENEFITS. ...

FOR INFORMATION WRITE OR CALL AT THE NEAREST FIELD OFFICE OF THE
SOCIAL SECURITY BOARD

과부들을 위한 사회 보장 포스터(1930~1940)

인구의 고령화는 연금 급여와 의료 서비스 재원 지출을 급속하게
팽창시키는 원인이 되고 있다. 또한 여성의 경제 활동 참여와 연관된
가족 구조의 변화는 복지 국가에 다양한 측면의 대응을 요구하고 있다.

는 다른 방식의 변화를 주문하는 구조적 요인이 되고 있다. 복지 체제가 더욱 효율적인 방식으로 변화하지 않으면 폭발적 재정 지출 증가에 대응하기 어렵게 될 것이다.

가족 구조의 변화

가족 구조의 변화는 인구 구조 변화와도 관련되어 있지만, 여성 들의 경제 활동 참여 경향과 밀접하게 관련되어 있다. 남녀 평등 주의의 강화와 여성 권리의 신장으로 여성의 노동 시장 참여율 이 지속적으로 증가해왔다. OECD 국가들의 평균적 경향을 살 펴보면, 1960년에 여성들의 노동 시장 참여율은 34퍼센트 정도 였는데 1996년에는 약 62퍼센트로 증가했다.

여성의 노동 시장 참여 경향의 증가는 출산율 감소, 이혼 증가, 한 부모 가정의 증가 등 일련의 가족 구조 변화와 연결되고 있 다. 그뿐만 아니라 최근에는 독신자 증가, 독거노인 증가 등으로 홀로 살아가는 독립 가구가 증가하고 있다.

이러한 가족 구조의 변화는 복지 국가에 다양한 측면의 대응 을 요구하는 요인이 되고 있다. 출산율의 감소는 노인 부양 인구 의 감소와 연결되어 복지 국가 재정에 압박 요인이 되고 있음을 앞에서 언급했다. 한 부모 가정의 증가는 빈곤율 증가와 밀접하 게 관련되어 있다. 여성 가구주의 경우 노동 시장에서 낮은 임금을 받을 확률이 높을 뿐만 아니라, 혼자 자녀를 양육해야 하는 동시에 일을 해야 하는 이중고를 겪게 된다. 아동 양육에 대한 지원, 빈곤한 생활에 대한 지원 등 복지 국가의 대응을 요하는 상황에 처하는 것이다. 또한 독립 가구의 증가도 가족 단위의 복지 제공 기능을 떨어뜨려 국가의 복지 활동을 팽창시키는 요인이 된다. 대가족처럼 가구원 수가 많으면 복지에

텔레비전을 보는 가족 (미국, 1958년경). 현대의 가족 구조의 변화는 복지의 필요성을 더욱 높인다

대한 필요를 대부분 자체적으로 해결할 수 있어 국가에 의한 사회 복지 서비스가 상대적으로 적어도 된다. 반면 혼자 사는 가구에서 문제가 발생하면 해결책을 국가에 의존할 가능성이 높다.

3

복지 국가는 어떻게 변화할 것인가

1990년대 중반에 접어들어 대부분의 유럽 복지 국가에서 보수 정당에서 진보 정당으로의 정권 교체가 일어난다. 사민당 혹은 노동당이 집권하는 국가가 이 시기에 13개국에 달했다. 이러한 변화는 이전까지 집권 정당이던 보수당 정부가 추진한 신자유주의 노선의 정책이 기대한 정책 효과를 가져오지 못한 데 대한 실망감에서 비롯되었다고 생각된다. 각국의 정책들은 조금씩 달랐지만, 당시의 신자유주의 정책 기조는 세계적인 유형이었고, 정도의 차이는 있지만 대체로 작은 정부와 과도한 복지의 축소를 지향하는 정책이 추진되었다. 그러나 앞에서 언급한 바와 같이 서민들의 생활은 나아지지 않았고, 정책의 과실은 소수의 고소득자에게만 돌아가는 것으로 나타났다. 경제는 좋아졌지만 빈부 격차가 심화되는 양극화 현상이 공통적으로 나타났다. 그러나 영국의 경우, 보수당에 대한 실망이 노동당 지지로 쉽게 연결되지는 않았다. 영국 국민들은 노동당 집권 시기의 무분별한 복지 확대와 세금 증대, 불황 등에 대한 기억을 쉽게 지우지 않는 것처럼 보였다.

　노동당은 18년이라는 기간 동안 국민으로부터 버림받았다. 전후에 영국 노동당이 이처럼 장기간 집권하지 못한 것은 이때가 처음이었다. 국민들은 노동당의 변화를 원했고, 노동당은 집권을 위해 변화해야 한다는 점을 깨닫기 시작했다. 무엇보다 복지 국가는 새로운 전략을 원했던 것이다. 제3의 길은 변화된 영국 노동당의 정책 노선을 상징한다. 노동당은 과거의 정강을 버리고 새로운 정강을 채택했다. 국유화 정책은 노동당 창당 이래 처음으로 폐기되었다. 그리고 노동당은 과거와 같은 더 많은 세금, 더 많은 국가 개입을 주장하지 않았다. 신노동당은 작은 정부와 세금 축소, 그리고 복지 축소를 공약하지는 않았다. 이는 보수당과 차별화되는 점이다. 신노동당은 세금의 효율적 사용, 국가 개입의 효율화를 통하여 보수당 정부 시절 증가한 불평등과 빈곤을 해소하는 적극적인 복지 정책을 공약했다. 기존의 재원을 효율적으로 활용하고 불필요한 영역의 지출을 억제함으로써 빈곤 계층을 위한 복지 재원을 마련할 수 있으며, 또한 복지 프로그램의 효율성을 증가시켜 새로운 빈곤 문제와 양극화 현상을 극복할 수 있다는 비전을 제시했다. 복지 급여 확대에만 의존하지 않고 근로 활동 장려와 일자리 연결을 통해 복지 의존을 줄이고 노동을 통한 복지를 달성하고자 했다. 새로운 노동당은 사회 복지 새로운 노선을 표방한 영국 신노동당은 더 많은 권리의 보장보다는 권리와 의무의 균형을 강조했고, 더 많은 급여가 아니라 급여와 근로의 균형을 도모했으며, 더 많은 국가 개입이 아니라 민간과 국가의 혼합을 통한 효율성 증대를 추구했다.

급여를 통한 복지는 소극적 복지이며 노동을 통한 복지가 적극적 복지라는 점을 명확하게 천명했다. 더 많은 권리의 보장보다는 권리와 의무의 균형을 강조했고, 더 많은 급여가 아니라 급여와 근로의 균형을 도모했으며, 더 많은 국가 개입이 아니라 민간과 국가의 혼합을 통한 효율성 증대를 추구했다. 이와 같은 노동당의 변화는 변화된 세계 경제 질서 속에서의 복지 국가의 생존을 위해 지속 가능한 복지 국가 체계를 고민한 데 따른 결과였다. 1990년대 중반 이후에 집권한 노동당, 혹은 사민당의 대부분은 이러한 경향을 띠고 있었다. 영국에서 '제3의 길'은 독일에서는 '신중도'라는 용어로 표현되었다.

영국 노동당 본부가 있는 런던 빅토리아 거리. 1990년대 중반 이후에 집권한 신노동당은 '제3의 길'이라는 중도 정책을 폈다

   20세기 말, 1980년대와 1990년대를 거치면서 복지 국가 체제를 놓고 진보주의와 보수주의 혹은 사민주의와 자유주의 두 이념적 진영이 각각 변화를 겪었다. 1980년대에는 보수주의(혹은 자유주의) 진영에서 이념적 변화를 천명했다. 소위 신보수주의 혹은 신자유주의로의 전환이었다. 두 번째 변화는 진보 진영(혹은 사민주의)에서 나타났다. 1990년대에 등장한 제3의 길 혹은 신중도로 표현되는 새로운 이념적 지향은 사민주의 진영의 변화를 압축하는 것이었다. 양 진영의 이념적 변화는 모두 복지 국가 전략과 밀접하게 연결되어 있었으며, 변화의 내용에서 핵심

은 복지 국가의 효율성과 생산성 향상과 관련되어 있었다. 이렇게 될 수밖에 없는 것은 앞에서 논의한 복지 국가의 변화를 추동하는 요인들이 복지 국가의 효율성과 생산성 향상을 촉구했기 때문일 것이다.

신자유주의 전략은 복지 축소와 작은 정부를 모토로 했다. 이는 어떻게 보면 복지 국가 축소 혹은 더 나아가 복지 국가 해체를 지향하는 것처럼 보였다. 그러나 앞에서 살펴본 것처럼 부분적인 감축은 가능했지만 복지 국가의 축소는 불가능했다. 복지 프로그램들의 자체적 성숙 요인으로 인하여 복지 정책은 축소되었지만 복지 지출은 증가하는 현상이 나타났다. 복지 급여를 매우 엄격하게 축소했지만, 실업자의 증가와 빈곤의 증가로 공공 부조 급여 대상자가 늘어나고 노인 인구의 증가로 연금 급여가 증가함에 따라 최종적으로 국가 복지 재정 지출은 감소하지 않거나 증가했다.

신자유주의 전략이 복지 국가 해체에는 실패했지만, 그것이 추구한 몇 가지 변화의 요소들은 복지 국가의 효율성과 생산성의 측면에서 의미를 지니는 것이었다. 국가의 과도한 역할에 대한 비판, 이에 대한 대응으로서 민간 복지의 활성화 추구, 과도한 복지 의존성에 대한 비판, 이에 대한 대응으로서 복지와 노동의 연계 등이 그러하다. 이러한 변화의 방향은 1990년대에 사민주의 진영의 복지 국가 재편 방향으로 수렴된다. 즉 양 진영이 추구하는 궁극적인 목적은 다를 수 있지만, 양 진영의 변화의 방향과 방법론이 수렴되는 양상이 나타나고 있는 것이다.

최근의 복지 국가 변화의 양상을 다음과 같은 네 가지로 정리할 수 있다. ① 복지 공급 체계의 다원화, 혹은 복지 다원주의 ② 노동과 복지의 연계 경향 ③ 권리와 의무의 균형 ④ 경제 정책과 사회 정책의 통합이다.

첫째, 복지 공급 체계가 다원화되는 양상이다. 이는 복지 다원주의, 혹은 복지 믹스라고 표현되는 현상으로서, 국가, 시장, 가족, 소규모 공동체, 비영리 조직 등이 상호 연대해 하나의 복지 체제를 형성해가는 것을 의미한다.

국가는 체계적이고 지속적이고 보편적인 복지 체제를 만들 수 있어 평등의 가치를 실현할 수 있는 반면, 권위적이고 획일적인 서비스에 빠지기 쉽다. 시장은 효율적이고 선택 가능성을 넓히는 반면, 영리 지향으로 인해 불평등을 확대한다. 가족, 소규모 공동체는 친밀한 서비스 제공이 가능하나, 서비스 제공 대상을 배타적으로 한정하는 경향이 있다. 비영리 조직은 경직되지 않은 유연한 활동이 가능하고 서비스 수급자의 참여가 활성화되는 경향이 있으나, 비전문적이거나 아마추어리즘에서 벗어나지 못하는 측면이 있다. 각각의 공급 체계는 저마다 장점과 단점을 지니는데, 다양한 공급 주체가 적절히 혼합됨으로써 상호 단점을 보완하고 장점을 극대화하는 방향으로 전환하는 것, 이것이 복

사회 복지의 민영화

1980년대 이후 신자유주의의 영향으로 사회 보장 제도의 운영권이 국가에서 민간 기구 혹은 영리 조직으로 넘어가는 민영화 현상이 폭넓게 나타났다. 공영 주택의 소유권을 민간 조합이나 개인에게 넘기는 영국의 주택 민영화 현상이 대표적 사례이며, 남미에서는 노령 연금 제도를 민간 상업 보험 회사들이 참여할 수 있도록 민영화한 나라도 등장했다. 민영화로 인한 문제점이 부각되면서 최근에는 일방적인 민영화보다는 사회 복지의 다원주의라는 방식과 용어를 더 일반적으로 사용한다.

지 다원주의가 추구하는 바이다.

과거의 국가 독점 방식의 복지 공급 체계가 지니는 비효율성을 극복하고, 신자유주의의 일방적 민영화 방식의 복지 공급 체계가 가져온 불평등 심화 현상을 넘어서는, 대안으로서의 복지 다원주의는 변화하는 환경 속에서 복지 국가가 생존하고 발전하는 데 유력한 전략 중의 하나로 모색되고 있다.

둘째, 노동과 복지의 연계가 강화되는 양상이다. 이를 가리켜 노동 중심적 복지work-based welfare, 혹은 일을 위한 복지welfare to work라고 하기도 하고, 더 나아가 이를 기존의 복지 체제와 구분하는 말로서 웰페어welfare와 대비되는 워크페어workfare라는 신조어가 만들어지기도 했다. 노동 연계 복지는 사회 복지의 민영화와 더불어 신자유주의 복지 개혁의 대표 브랜드였다. 사회 복지 지출을 축소하고 복지 의존성을 줄이기 위해 신자유주의 복지 전략에서는 복지 수급권을 노동 시장 참여 조건과 연결했다. 과거의 사회 보장 체계에서는 실업자에게 제공되는 실업 급여가 불가침의 권리로 인정되었지만, 노동 연계 복지 체계로 전환되면서 적극적으로 구직 활동을 해야 한다는 조건을 충족하지 못하는 경우 실업 급여의 권리는 언제든지 제한될 수 있도록 바뀌었다. 이러한 방식의 신자유주의적 접근은 복지 수급권을 매우 제한한다는 의미에서 웰페어가 아니라 워크페어로의 전환이라는 비판이 있었지만(엄밀히 말하면 워크페어는 더 이상 복지가 아니라는 비난의 의미가 섞인 신조어이다), 1990년대에 들어오면서 노동 연계 복지는 대부분의 복지 국가에서 복지 정책의 중요한 원리로 정착되고 있다. 복지 이데올로기의 측면에서 신자유주의의 반대쪽에 위치한 사민주의 진영에서도 '노동'은 복지의 중요한 요소라는 점이 부각되었다. 스웨덴은 전통적으로 완전 고용을 위한 적극적 노동 시장 정책을 채택하고 있었고, 영국의 노동당은 제3의 길에서 급여를 통한 소극적 복지보다는 일을 통한 적극적 복지가 더 중요함을 천명했다. 이념적인 측면에서 노동과 복지의 연계는 더 이상 터부의 대상이 아니었고, 시민권의 완성이라는 차원에서 적극적 복지 구현을 위해 수용되었다. 능동적인 의미의 시민권은 스스로 자신의 삶을 통제할 수 있는 경우에만 보장되고, 일을 한다는 것은 스스로의 삶을 통제하는 중요한 기반이라는 점이 공통적으로 인정되었다.

채용 박람회 포스터. 노동 연계 복지는 1990년대 이후 대부분의 복지 국가에서 복지 정책의 중요한 원리로 정착되고 있다

셋째, 권리와 의무가 균형을 이루는 양상이다. 복지 국가에서 급여 권리는 지속적으로 강화되어왔다. 그런데 복지 국가가 어려움에 직면하자 신자유주의 복지 개혁의 방향은 급여 권리에 대한 반작용으로 복지 수급자의 의무를 강조하기 시작했다. 복지 수급자가 지켜야 할 의무에 대한 강조는 신자유주의 복지 개혁 전략에서 매우 중요한 요소였다. 그러나 수급자의 의무가 너무 강조됨에 따라 상대적으로 권리성이 취약해졌다는 비판이 제

기되기도 했다. 그렇다고 해서 신자유주의의 반대 진영이 다시 권리성을 강화한 것은 아니다. 스웨덴도, 영국의 신노동당도 다시 복지 권리의 강화를 주장하는 것이 아니라, 권리를 강조하는 것과 함께 수급자가 지켜야 할 의무도 중요하다는 점을 명확히 하고 있다. 복지 수급은 단순히 권리로서 제공되는 것이 아니라 사회적 책임과 의무를 다하는 경우에만 제공될 수 있다는, 국가의 책임과 개인의 책임이 동시에 강조되는 상호 책임성의 논리가 복지 개혁의 중요한 원칙으로 자리 잡아가고 있다.

마지막으로, 경제 정책과 사회 복지 정책이 밀접하게 연계되는 양상이다. 그렇다고 해서 과거의 복지 국가에서 경제 정책이 경시되거나 복지 정책과 무관했다는 의미는 아니다. 복지 국가 체제의 중요한 이론적 기반 중의 하나가 케인스주의 경제 정책이라는 점은 이 책의 앞부분에서 다룬 바 있다. 다만, 복지 국가 유형에서 살펴본 바와 같이 경제 정책과 사회 정책이 아주 밀접하게 연계된 복지 국가 유형이 있는가 하면, 연계성이 약하거나 분절적인 복지 국가 유형도 있었다. 경제 정책 및 경제 성장이 매우 중요하다는 점은 여러 복지 국가에서 공통적으로 인식되고 있었으나, 복지 정책과 경제 정책의 연계 정도와 관계의 양상은 다양하게 나타났다. 복지 정책은 성장의 과실을 잘 분배하면 된다는, 경제 정책과 복지 정책의 역할 분담론적인 유형도 있었고, 다른 한편으로는 복지 정책이 경제 정책에 부정적 영향을 경제 정책과 사회 정책의 분절적 구조로는 위기 국면을 헤쳐나가기 어렵고, 더 나아가 변화된 환경에서 지속 가능한 복지 국가로 변신하기 위해서는 경제 정책과 복지 정책이 하나의 정책 틀로 융합되어야 한다는 점이 강조되었다.

미치지 않도록 두 정책을 연계하는 유형도 있었다.

복지 국가가 경제적 어려움에 봉착하고, 그 어려움이 단순한 정책적 실패보다는 후기 산업 사회로의 전환 등 사회·경제의 구조적 측면의 변화에 기인한다는 점을 인식하게 됨으로써, 경제 정책과 사회 정책의 분절적 구조로는 위기 국면을 헤쳐나가기 어렵고, 더 나아가 변화된 환경에서 지속 가능한 복지 국가로 변신하기 위해서는 경제 정책과 복지 정책이 하

브레턴우즈 조약 체결을 주관한 케인스(오른쪽)와 화이트(IMF 이사회, 1946)

나의 정책 틀로 융합되어야 한다는 점이 강조되었다. 스웨덴을 중심으로 한 사민주의 복지 모델을 연구하고 강조하는 것은 이러한 융합이 거기서 비교적 잘 이루어지고 있기 때문으로 보인다. 그렇다고 스웨덴 복지 국가에 적응해야 할, 변화해야 할 과제가 없다는 의미는 결코 아니다. 앞에서 언급한 어려움과 변화의 압박 요인이 스웨덴 복지 국가에서도 정도의 차이가 있을 뿐 동일하게 작용하고 있다.

변화의 방향은 어느 정도 합의되고 있는 것으로 보인다. 복지 다원주의, 노동 연계 복지, 권리와 의무의 균형, 복지 정책과 경제 정책의 융합 등의 측면에서 복지 국가들의 대응 양식은 수렴

되고 있다. 그런데 구체적인 실천 방법이 적절한지, 변화 요소들이 적절하게 배합되고 있는지 등은 여전히 과제이다. 변화의 요소들과 실천 방법들이 서로 상승 작용을 일으킬 수 있느냐, 아니면 상충적으로 작용하느냐를 두고 개별 국가들은 여전히 실험 중에 있다.

바야흐로 세계는 더욱더 단일한 경쟁 질서 속으로 빠져들고 있으며, 산업 구조도 급속하게 변화하고 있다. 복지 국가는 이러한 변화 속에서 국가 경쟁력을 유지하면서 지속 가능한 재분배 전략을 구축해야 하는 과제를 안고 있다. 경쟁과 분배, 이 두 가지 상호 모순된 과제를 동시에 해결해야 하는 과제가 복지 국가의 숙명이다.

4

한국은 어디로 가야 하는가

이제 글을 맺으면서 우리의 이야기를 하고자 한다. 대한민국은 어떤 유형의 국가이며, 또 어떤 방향으로 나아가야 하는가를 이야기해보고자 한다. 이 책을 시작하면서 우리는 한국이 복지 국가인가 아닌가 질문을 던진 바 있다. 복지 국가가 어떤 국가인지 규정하기 어렵다는 하나의 사례로 그런 질문을 던지고 대답은 노와 예스 둘 다 가능할 것 같은 뉘앙스로 넘어갔다. 이제 책을 마무리하면서 그 질문에 대한 대답을 좀 더 구체적으로 검토해보고자 한다. 그런 연후에 한국이 나아갈 방향에 대해 논의하는 것이 순서일 것이다.

이제 우리는 대한민국이 복지 국가에 포함되는가라는 질문에 객관적인 대답을 할 준비가 되어 있다. 왜냐하면 우리는 복지 국가의 필수 조건에 대해 알고 있기 때문이다. 복지 국가의 탄생 과정을 이야기하면서 우리는 복지 국가의 필수 요건을 세 가지로 정리한 바 있다. 첫째, 복지 국가이기 위해서는 사회 보장 정책 등을 통해 국민의 복지를 위해 적극적으로 노력해야 하고, 둘째, 민주주의 정치 과정 혹은 의회 민주주의 절차를 거쳐야 하며, 셋째, 사민주의 혹은 중도 좌파적인 이념 경향과 친화적이어야 한다는 것이었다. 이상의 세 가지 요건을 어느 정도 갖추었는지 판단한다면, 우리나라가 복지 국가 유형에 포함되는지 여부를 객관적으로 가릴 수 있을 것이다.

상대적으로 판단하기 쉬운 두 번째와 세 번째 요건에 대해 먼저 검토해보자. 한국은 민주주의 국가인가, 정치 과정에서 민주주의 절차를 지키고 있는가? 이 질문에 대해서는 그렇다고 대답할 수 있다. 1945년 일본 식민지 지배에서 해방된 이후 대한민국은 민주 공화국 체제로 출범했으나, 민주주의를 정착시키는 과정은 험난했다. 몇 차례의 군부 쿠데타와 민주주의 항쟁 등을 경험하고, 1970년대의 유신 독재, 1980년대의 군부 독재 등을 거쳐 대한민국은 마침내 국민의 직접 투표를 통해 대표자를 선택하고 민주 정부를 구성할 수 있게 되었다. 중앙 정부뿐만 아니라 지방 정부의 대표자도, 나아가 교육 기관의 대표자도 국민들이 직접 선택할 정도로 민주주의가 확대되고 성장했다. 몇 가지 남은 과제가 있지만, 우리나라에서 민주주의 정치 체제가 안정화되고 있다는 점을 부정하기는 어렵다.

다음으로 복지 국가와 친화성을 지니는 사민주의와 중도 좌파 이데올로기의 발달에 대해 논의해보자. 한국에서 진보 혹은 사회주의 사상의 발달은 매우 지체되어왔다. 이는 남북 분단 상황이라는 역사적 특수성에서 기인하는 바 크다. 남북한의 이념적 대립과 남북한 간 전쟁의 상처는 여전히 지속되고 있다. 북한에서 자유주의 이념이 발달할 수 없는 것과 마찬가지로 남한에서 평등주의 이념은 제약을 받아왔다. 폭력적 혁명을 지지하는 공산주의가 아니더라도 평등주의와 가까운 사상은 불온시되어왔고, 이러한 경향은 자연스럽게 사민주의 혹은 중도 좌파의 이념적 발전을 막아왔다. 그렇지만 최근에 약간의 변화 조짐이 보이기도 한다. 이는 물론 민주화의 영향일 것이다. 민주주의 절차가 지켜지고 법에 따른 통치가 안정화되면서 중도 좌파에 대한 불법적인 탄압이 점차 줄어들게 되었다. 이에 따라 극히 최근의 경향이긴 하지만, 민주노동당과 같이 좌파 이념을 천명한 정당이 결성되기도 하고, 또 이러한 정당이 국회의원을 배출하는 성공적인 사례도 등장하고 있다. 그렇지만 중도 좌파의 정치적 영향력은 여전히 미약하다. 한국의 정치 지형은 현재 집권당인 한나라당과 야당인 민주당이 대부분의 정치 현안에 영향을 미치는 양당 구조로 평가된다. 언급하지 않은 많은 야당이 존재하지만, 민주노동당을 제외하면 현재 국회 의석을 차지하고 있는 중도 좌파 정당은 없으며, 대부분의 야권 국회의원은 민주당 소속이다. 그러므로 한국의 정치 이념 구조는 우파와 좌파의 경합 구조가 아니라 보수와 진보의 경합 구조라 할 수 있다. 이러한 구

4 · 19 당시 이승만 정부에 민주주의를 요구하며 시위하는 고등학생들. 사진 : 민주화운동기념사업회

조를 단순하게 해석하면, 정파들이 자유주의와 평등주의로 대립하는 것이 아니라, 현재의 질서를 유지하려고 하는가 아니면 변화를 추구하는가로 대립한다는 것이다. 보수가 현재의 유지를 대변하는 개념이라면 진보는 변화를 대변하는 개념이다.

이러한 정치 구조는 민주당과 공화당의 양당 구조가 정착되어 있는 미국과 유사하다. 미국에서도 노동당 혹은 사회당이 국회에 진출하지 못했고, 진보적 성향의 민주당과 보수적 성향의 공화당이 정책 대결을 벌이는 양당 체제가 형성돼 있다. 그래서 미국에서는 평등을 추구하거나 재분배를 목적으로 하는 복지 대책들이 정책적 의제로 상정되기 어려웠고, 그 결과 앞에서 언급한 바와 같이 복지 체제가 잘 발달하지 못했다. 미국이 '지체된 복지 국가' 혹은 복지 후진국으로 분류될 수밖에 없는 이유들 중 하나가 바로 이러한 정치 구조, 즉 중도 좌파를 지향하는 정당을 발전시키지 못하는 구조에 있다. 한국이 비록 최근에는 미국과 약간 다른 모습을 보이고 있기는 하지만(중도 좌파 성향의 정당이 국회에 진출해 있다는 점에서) 기본적으로 미국과 비슷한 정치 이념적 경향을 띤다고 본다면, 한국의 복지 국가와의 친화성은 낮은 수준이라고 평가할 수밖에 없다.

한국의 정치 이념 구조는 우파와 좌파의 경합 구조가 아니라 보수와 진보의 경합 구조라 할 수 있다. 정파들이 자유주의와 평등주의로 대립하는 것이 아니라, 현재의 질서를 유지하려고 하는가, 아니면 변화를 추구하는가로 대립한다는 것이다.

마지막으로 가장 중요한 문제, 즉 국가의 사회 복지에 대한 역할, 혹은 국가가 국민의 복지와 재분배에 얼마나 적극적으로 대처하고 있는가의 문제를 살펴보도록 하자. 어떤 국가의 복지 활동을 알 수 있는 가장 좋은 방법은 사회 보장 정책을 얼마나 발전시켰는지 살펴보는 것인데, 이때 두 가지 측면을 고려해야 한다. 하나는 사회 보장 제도의 종류의 다양성이고, 다른 하나는 사회 보장 재정 지출의 규모이다. 다양한 사회 보장 제도가 발달해 있어서 어떠한 사회적 위험에도 대처할 수 있어야 하고, 동시에 실제로 사회 보장을 위해 정부가 많은 재정을 지출하고 있어야 한다.

다양한 사회 보장 제도의 실시라는 측면에서 한국은 합격점이다. 복지 국가에서 실시되는 대부분의 제도들이 우리나라에서 실시된다. 일반적으로 사회 보장 제도를 거론할 때 4대 사회 보험과 공공 부조를 언급하는데, 한국은 이런 제도를 갖추고 있다. 질병을 치료하고 건강한 삶을 유지할 수 있도록 지원하는 의료 보험 제도는 1973년에 도입되어 현재까지 전 국민을 대상자로 포괄하는 건강 보험 제도로 발전해왔다. 퇴직 이후의 노후 생활을 지원하는 연금 제도는 국민 연금 제도라는 명칭으로 1986년에 입법되었으며, 이 또한 처음에는 일부 국민들을 제외했다가 점차전 국민을 대상자로 포함했다. 1990년대 중반에는 실업의 위험을 대비하는 고용 보험 제도가 도입됨으로써, 1960년대부터 실

어떤 복지 제도들을 갖추고 있는가의 측면에서 보면 한국은 복지 국가라 할 수 있다. 그러나 국가의 활동이 복지에 얼마나 집중되고 있는가 (사용 재원)의 측면에서 보면 한국을 복지 국가로 판단하기 어렵다.

시되어온 산재 보험 제도를 포함하여 4대 사회 보험 제도의 진용을 갖추게 되었다. 그리고 빈곤 계층을 지원하는 생활 보호 제도가 2000년부터 국민 기초 생활 보장 제도로 바뀌면서 최저 생활 보장권을 더 강화했다. 이러한 소득 보장 제도 외에 장애인, 아동, 노인 등을 위한 사회 복지 서비스 체계도 갖추어져 있어, 복지 국가 체계에서 중요한 사회 보장 제도들이 대부분 우리나라에 도입되어 있다고 볼 수 있다. 제도의 종류와 다양성의 측면에서 한국은 복지 국가라고 평가하기에 큰 무리가 없어 보인다.

그런데 문제는 보장의 질적 측면인, 사회 보장을 위해 국가가 지출하는 재정의 규모이다. 대부분의 복지 국가들은 국가 예산의 절반 정도를 사회 보장 혹은 복지 관련 분야에 지출하고 있으며, 이는 국가 전체 총생산량의 20~30퍼센트 수준에 달하는 엄청난 규모이다. 국민 총생산의 1/3 정도, 국가 예산의 1/2 정도 되는 재원이 비시장 체계인 복지 제도를 통하여 전달된다는 의미이다. 그런데 우리나라의 복지 관련 지출은 2006년에 GDP 대비 7.8퍼센트에 불과했고, 2010년 현재는 9.4퍼센트로 추정되고 있다. 이는 유럽 복지 국가들의 평균적인 복지 지출의 32퍼센트 수준에 불과하고, 상대적으로 복지 지출이 낮은 영미형 복지 국가와 비교해서도 53퍼센트 수준에 불과하다. 재정 지출의 측면에서 한국은 기존 복지 국가들의 거의 절반 수준, 혹은 절반에도 미치지 못하는 미약한 수준에 머물고 있다.

한국은 프로그램의 다양성이라는 측면에서는 복지 국가라고 평가될 수 있으나, 공공 재원의 사용이라는 측면에서는 복지 국가라고 불리기에 무리가 있다고 판단된다. 이러한 이유로 인해 한국이 복지 국가인가에 대한 상반된 평가가 나오는 것이다. 복지 국가의 외형적 측면, 즉 어떤 복지 제도들을 갖추고 있는가의 측면에서 보면 한국은 복지 국가라 할 수 있다. 그러나 복지 국가의 질적 측면, 즉 국가의 활동이 복지에 얼마나 집중되고 있는가(사용 재원)의 측면에서 보면 한국을 복지 국가로 판단하기 어렵다는 것이다.

　그런데 복지 국가의 세 가지 필수 요건을 동시에 고려하고, 한국이 후발 국가라는 점을 고려하면, 한국이 복지 국가가 아니라고 평가하는 것은 너무 엄격한 잣대를 적용한 것으로 생각된다. 한국에서는 민주주의 요건이 충족돼 있고, 미약하지만 중도 좌파 정당들이 국회로 진출하는 등 정치적 입지를 마련하고 있으며, 이에 따라 재분배와 평등을 추구하는 정책들이 선거의 이슈로 부각되기도 했다. 이러한 환경은 복지 국가가 성장하기에 부족함이 없다. 또한 다양한 복지 제도의 도입으로 형식적인 측면에서는 복지 국가의 외형이 갖추어지고 있다. 다만 질적 측면에서 국가의 활동이 얼마나 많이 복지 활동에 집중되느냐의 문제만이 남아 있다. 국가 재정 지출의 측면도 서구의 복지 국가 출범 초기와 비교하면 그렇게 낮은 수준이라고 할 수 없다. 예컨대 서구 복지 국가들의 1960년 GDP 대비 복지 지출을 살펴보면 스웨덴이 12.3퍼센트, 서독이 17.1퍼센트, 프랑스가 14.4퍼센트, 영국이 12.4퍼센트, 미국이 9.9퍼센트에 불과했다. 한국의 2010년 9.4퍼센트라는 수치는 복지 국가 초창기인 1960년의 서구 국가들의 수치와 비교할 때 약간의 차이는 있지만 견주어볼 만한 수준이다. 물론 이러한 비교에는 여러 가지 무리가 있다. 1960년과 2010년이라는 50년의 시간차, 1인당 국민 소득 등의 생활 수준을 고려하지 않은 비교이기 때문이다. 그럼에도 불구하고 한국이 복지 국가들의 초기 복지 재정 지출 수준에 근접하고 있다는 측면은 의미가 있다.

여러 가지 요소를 종합적으로 고려하면, 한국은 복지 국가의 초입에 들어서 있다고 표현하고 싶다. 복지 국가를 굳건하게 만드는 여러 가지 환경적 요소는 미약하지만 최소한의 수준은 갖추었다고 본다. 한국은 이미 GDP의 상당 부분을 사회 복지를 위해 사용하고 있으며, 제도적 측면에서 복지 국가의 외형을 갖추고 있다. 문제는 앞으로 어떻게, 어떤 모습의 복지 국가로 발전해 나갈 것인가이다. 지체된 복지 국가로 표현되는 미국과 같은 복지 국가 유형으로 갈 것인가, 발달된 복지 국가로 표현되는 스웨덴과 같은 복지 국가 유형으로 갈 것인가, 탈상품화 수준이 낮고 불평등이 고착된 사회 보장 형태로 갈 것인가, 탈상품화 수준이 높고 재분배 효과가 높은 사회 보장 형태로 갈 것인가 등의 선택

아동 지원책 어떤 게 있나

시행 중인 보육료 지원

■ 차등보육료: 특이정책(저산산돼+월평균 소득)이 도시근로자가구 평균 소득의 70%(3인) 가구 월 227만원, 4인 가구 월 247만원) 이하인 경우 가구 소득과 아동의 나이에 따라 보육료를 월 최대 월(200~36)만원씩 차등지원
■ 만 5세 아동 보육료 지원: 가구 소득이 평균의 90%(4인 가구 기준 318만원) 이하인 가정의 경우 연 5세 아동의 보육시설 이용료로 월 16만8000원 지원
■ 두 자녀 이상 가정 지원: 두 자녀 이상을 보육시설에 보내는 가정은 가구 소득이 평균의 100%(4인 가구 기준 353만원) 이하인 경우 둘째 이상의 아동에 대해 나이에 따라 4만7000~10만5000원 지원
■ 장애아동 보육료 지원: 만 12세 이하의 모든 장애아동에 대해 보육시설을 이용할 경우 36단계 지원(교사 1인당 아동 3명 기준 준수한 시설)

지원받으려면 : 읍·면·동 사무소에 신청 → 소득·재산 확인 → 지원 대상 확인(통지서) 받아 보육시설에 제출 → 정부에서 시설에 지원금 지급 → 차액 납부

검토 중인 대책

기본보조금: 부모가 부담하는 보육료의 표준 보육비용(국공립시설 보육료 기준) 간의 차액을 시설에 지원하는 제도
현재 만 0~2세 액아에 대해 시행 중이며 만 3~5세 유아로 확대 방안을 놓고 논란
경제계 "특례나 감시체계 부실 등의 문제가 있다"
여성가족부 "평가인증제를 잘 활용하면 문제없다"

아동수당: 아이를 낳은 시설이 아닌 각 가정이 일정액의 보조금을 지급하는 제도
연 0~3세 정·유아를 둔 가정에 매달 10만원 정도씩 지급하는 안 검토 중
보건복지부 "중산층이나 시설을 이용하지 못하는 저소득층에도 고루 혜택"
경제계 "출산율 높이는 데는 효과 없으며 재정 부담만 가중시킬 것"

한국은 다양한 복지 제도를 도입하고 있지만 사용 재원이라는 질적 측면에서는 여전히 부족하기 때문에 복지 국가의 초입에 들어서 있다고 할 수 있다

한국은 이미 GDP의 상당 부분을 사회 복지를 위해 사용하고 있으며, 제도적 측면에서 복지 국가의 외형을 갖추고 있다. 문제는 앞으로 어떻게, 어떤 모습의 복지 국가로 발전해나갈 것인가이다.

이 개인 차원이 아니라 국가 차원에서 기다리고 있는 것이다.

한국 복지 국가의 전망과 관련된 환경은 그다지 밝지 않다. 먼저 경제 환경이 과거의 복지 국가 황금기와 같은 국면을 다시 맞이할 수는 없을 것으로 전망된다. 안정된 경제 성장과 안정된 복지 재원 확보는 과거의 추억이다. 한국 사회도 후기 산업 사회로 진입했으며, 성장 잠재력은 점차 하락하는 반면 국제 경쟁은 더욱 치열해지는 상황에 처해 있다. 한국이 안정된 경제 성장을 기반으로 지속적으로 복지 재원을 확보할 가능성은 매우 낮다. 또한 매우 효율적인 복지 체제를 구축하라는 압력을 지속적으로 받을 가능성이 매우 높다.

다음으로 이념적 지평이 한국 복지 국가에 그다지 호의적이지 않다. 분배와 평등을 강조하는 좌파 정당이 다수당을 점유할 가능성은 매우 낮고, 분배의 측면에서 보수적인 두 정당이 약간의 정책 차이로 진보와 보수라는 이름으로 경쟁하는 구도가 될 가능성이 상당히 높다. 이러한 정치 지형은 재분배를 강조하고 불평등을 완화하는 유형의 복지 제도를 발전시키는 추동력을 확보하기 어렵게 한다.

이상의 두 가지 조건이 한국이 복지 국가로 발전해나가는 데 장애와 시련의 요소로 작용할 것으로 예상된다. 이러한 어려움을 극복하고 복지 국가의 소중한 싹을 키워나가야 할 과업이 우리 모두에게 주어져 있다. 이미 모든 복지 국가들에 닥친 위기와

지속 가능한 복지 국가

복지 국가 체제에 대한 사회 구성원의 합의의 정도가 높고, 복지 제도를 실행하는 데 필요한 막대한 재원을 마련하는 데 어려움이 없어서, 복지 국가 체제를 지속할 수 있는 국가를 말한다. 복지를 통한 재분배 정책과 생산 부문을 담당하는 경제 정책이 유기적으로 결합되어 있어서 경제 부문의 생산성 증가율이 둔화되지 않으면서 사회 보장이 잘 이루어지는 이상적인 형태의 복지 국가가 지속 가능한 복지 국가이다.

변화 요구에 더하여 한국은 처음부터 '변화된 복지 국가', '지속 가능한 복지 국가'를 만들어가야 하는 어려움에 처해 있다. 20세기 한국에 주어진 과제가 근대화였다면, 21세기 한국에 주어진 과제는 품위 있는 근대 국가의 완성이 아닐까? 품위 있는 근대 국가의 전형은 지속 가능한 복지 국가로의 발전에서 찾을 수 있다고 믿는다.

우리나라 사회 보장 제도의 과제

한국이 복지 국가인가에 대해 논의하는 과정에서 우리나라의 사회 복지 제도는 형식
적 요건을 갖추었지만 질적 측면에서는 더 발전해야 한다고 이야기했다. 한국은 주요
한 사회 보장 제도를 도입하고 있음에도 불구하고 왜 사회 보장에 대한 국가의 재정
지출은 선진 복지 국가 수준으로 확대하지 못하고 있는가? 본질적인 이유는 사회 보
장 재정 지출 확대에 대한 국민적 합의가 없기 때문일 것이고, 좀 더 구체적으로는 사
회 보장 확대를 주장하는 정당이 선거에서 지지를 받지 못하기 때문일 것이다. 이러한
정치적이고 이념적인 문제의 해법은 상당히 복잡한 논의를 필요로 한다. 보다 효율적
으로 주제에 접근하기 위해, 제도적 측면에서 개선 과제를 살펴보자.

우리나라에 도입된 대표적인 사회 보장 제도로는 4대 사회 보험인 산재 보험 제도, 건
강 보험 제도, 국민 연금 제도, 고용 보험 제도가 있으며, 공공 부조로서 국민 기초 생
활 보장 제도가 있다. 그런데 우리나라에서는 이러한 제도들을 도입하고 성공적으로
안착시키는 그 자체에 너무 많은 강조점을 두어 제도의 원래 목적을 달성하는 데 취약
하다는 문제점이 지적되어왔다. 예컨대, 사회 보험 제도의 재정적 안정을 위해 보험 급
여의 자격 조건을 엄격하게 하거나 급여 수준을 지나치게 낮추어 실제 생활 안정 효과
가 떨어진다는 것이다.

우리나라 고용 보험의 경우 급여를 받기 위해서는 실업자가 본인의 과실이나 고의로
실직되지 않았다는 것을 증명해야 하는데, 현실적으로 증명이 어려운 경우가 많아 실
업에 대한 보장 효과가 떨어진다고 한다. 또 실업 급여를 받을 경우에도 급여 수준의
최대치가 실업 전 급여액의 50퍼센트에 불과해 저임금 근로자의 경우 실업 급여만으
로 적절한 생활 수준을 유지하기 어렵다.

건강 보험의 경우 보험이 적용되지 않는 진료 행위가 광범위하게 남아 있고, 또한 본
인 부담금 수준이 높아 대체로 전체 진료비의 절반 정도가 건강 보험 급여로 대체되고

있는 실정이다. 다시 말하면 특정한 질병으로 입원했을 경우 전체 비용의 약 50퍼센트는 본인이 부담해야 하는 것이다. 그래서 반쪽짜리 보험이라는 말도 있고, 일부 국민들은 질병을 대비하는 사회 보험이 존재한다는 것을 체감하지 못하기도 한다.

한편 현재 빈곤 계층을 대상으로 생계비를 지원하는 국민 기초 생활 보장 제도는 그 대상자를 지나치게 엄격하게 규정해, 실제로 급여를 제공받아야 하는 빈곤 계층이 대상자에서 제외되는 현상이 광범위하게 존재한다. 국민 기초 생활 보장 제도는 현재 약 4퍼센트 내외의 빈곤 계층에게 생계비를 제공하고 기타 생활상의 어려움을 지원해주는데, 학자들이 추정하는 우리나라의 빈곤율은 아주 엄격하게 추정하더라도 약 10퍼센트를 상회한다. 그러므로 빈곤 계층의 상당수는 공공 부조 제도의 보호를 받지 못하고 있는 실정이라고 할 수 있다.

국민 기초 생활 대상자에서 벗어나는 빈곤 계층을 어떻게 제도의 보호 속으로 포괄할 것인가, 건강 보험 제도의 급여 수준을 어떻게 높여나갈 것인가, 실업 급여 대상자의 포괄 범위와 급여 수준을 어떻게 확대하고 높여나갈 것인가 등이 한국의 사회 보장 제도가 직면한 대표적인 과제들이다.

● 개념의 연표—복지 국가

- 1883~1889 | **독일에서 사회 보험 출현**
  비스마르크 정권 주도로 질병 보험, 산업 재해 보험, 노령 및 폐질 보험 입법

- 1911 | **영국에서 국민보험법 제정, 실업 문제가 사회 보험 대상으로 포함됨**

- 1932 | **스웨덴 사민당 집권**
  스웨덴 복지 국가 출범

- 1935 | **미국에서 사회보장법 제정, 사회 보험 제도 도입**
  서구 선진국 중 사회 보험 도입이 가장 늦었지만, '사회 보장'이라는 용어를 처음 사용함

- 1942 | **베버리지 보고서 출간**
  사회 보험을 중심으로 하는 빈곤 없는 사회에 대한 비전 제시

- 1945 | **영국 노동당 집권**
  베버리지 보고서의 내용을 기초로 복지 국가를 실현하는 데 적합한 정당으로 선택됨

- 1946 | **케인스, 《일반 이론》 저술**
  불황기에 수요 촉진 정책의 중요성에 대한 경제학적 이론 체계 확립

- 1946~1948 | **영국 복지 국가 출범**
  1946년 국민보험법, 산업재해보험법, 국민보건서비스법, 1948년 국민부조법

- 1950년대~1960년대 | **복지 국가의 황금기**
  복지 제도 확대, 급여 수준 인상, 각국의 사회 복지 재정 지출이 지속적으로 상승

- 1973 | **제1차 오일 쇼크**
  OPEC의 중동 6개국 석유 장관들이 쿠웨이트에 모여 원유 수출 가격을 일시에 70퍼센트 올리기로 합의

- 1978 | **제2차 오일 쇼크**
  이란이 석유 수출을 중단함으로써 원유 공급 부족, 원유 가격 폭등

- 1979 | **영국 보수당 집권(대처 수상)**

- 1980 | **미국 공화당 집권(레이건 대통령)**
  신보수주의 및 신자유주의 이념에 입각해 복지 축소와 감세 정책, 작은 정부 공약

- 1980년대~1990년대 | **복지 국가의 위기**
  복지 국가에 대한 사회적 합의의 붕괴

- 1990 | **독일 통일**
  2차 세계대전 이후 동독과 서독으로 분리되었던 독일이, 공산 진영의 몰락으로 동독이
  붕괴되고 서독으로 흡수 통합되는 방식으로 통일됨

- 1991 | **소련 붕괴**
  공산 진영에 대한 자유 진영의 승리를 의미하는 독일 통일과 소련의 붕괴는 좌파 이데
  올로기와 좌파 비전의 몰락으로 연결되었고, 좌파적 개혁주의가 영향력을 급속하게 상
  실하는 계기가 됨

- 1997 | **영국 노동당 재집권**
  1979년 보수당 집권 이후 18년 동안 집권하지 못한 영국 노동당은, 보수당 집권 기간
  동안 증가한 불평등과 빈곤 문제를 비판하고 제3의 길을 통한 복지 개혁 및 빈곤 해소
  를 공약으로 제시해 집권 정당의 지위를 획득했다

- 1998 | **앤서니 기든스, 《제3의 길》 출간**
  새로운 노동당의 기치를 내건 영국 노동당의 정책 방향에 이론적 기초 제공

- 1990년대 이후 | **복지 국가의 재편**
  변화하는 사회 · 경제 환경에서 지속 가능한 복지 국가로 변모하기 위한 다양한 재편
  이 이루어지고 있다

'비타 악티바'는 '실천하는 삶'이라는 뜻의 라틴어입니다. 사회의 역사와
조응해온 개념의 역사를 살펴봄으로써 우리의 주체적인 삶과 실천의 방향을
모색하고자 합니다.

비타 악티바 22

복지 국가

초판 1쇄 발행 2010년 11월 10일
초판 6쇄 발행 2022년 8월 24일

지은이 정원오

펴낸이 김현태
펴낸곳 책세상
등록 1975년 5월 21일 제2017-000226호
주소 서울시 마포구 잔다리로 62-1, 3층(04031)
전화 02-704-1251
팩스 02-719-1258
이메일 editor@chaeksesang.com
광고·제휴 문의 creator@chaeksesang.com
홈페이지 chaeksesang.com
페이스북 /chaeksesang 트위터 @chaeksesang
인스타그램 @chaeksesang 네이버포스트 bkworldpub

ISBN 978-89-7013-784-1 04300
    978-89-7013-700-1 (세트)